# 焦虑心理学

Anxiety

陈东城 ◎ 编著

中央编译出版社
Central Compilation & Translation Press

图书在版编目（CIP）数据

焦虑心理学/陈东城编著. -- 北京：中央编译出版社，2017.1
ISBN 978-7-5117-3205-7

Ⅰ.①焦… Ⅱ.①陈… Ⅲ.①焦虑-研究 Ⅳ.①B842.6

中国版本图书馆CIP数据核字(2016)第310115号

焦虑心理学

| 出 版 人：葛海彦
| 责任编辑：盛菊艳
| 特约编辑：张金蓉
| 责任印制：尹 珺
| 出版发行：中央编译出版社
| 地　　址：北京西城区车公庄大街乙5号鸿儒大厦B座（100044）
| 电　　话：(010) 52612345（总编室）　　(010) 52612335（编辑室）
|             (010) 52612316（发行部）　　(010) 52612317（网络销售）
|             (010) 52612346（馆配部）　　(010) 55626985（读者服务部）
| 传　　真：(010) 66515838
| 经　　销：全国新华书店
| 印　　刷：北京嘉业印刷厂
| 开　　本：710毫米×1000毫米　1/16
| 字　　数：240千字
| 印　　张：15
| 版　　次：2017年1月第1版第1次印刷
| 定　　价：32.80元

网　　址：www.cctphome.com　　邮　　箱：cctp@cctphome.com
新浪微博：@中央编译出版社　　微　　信：中央编译出版社（ID:cctphome）

凡有印刷质量问题，本社负责调换，电话：010-55626985

# 序言 PREFACE

## 滚蛋吧，焦虑症！

"我晚上总是难以入眠，思想好像不受自己控制一样，各种莫名其妙的念头钻进我的脑袋。第二天要早起上班，上午还有非常重要的会议，要是迟到就完了。可是，越是逼自己入睡，就越是睡不着，我感觉头都要炸开了！"

"真要命，下周就要参加公司组织的演讲，我到现在连演讲稿都没写好。而且手里还有一堆活儿没干呢，要是干不完，又要被领导骂了，这个月的奖金也泡汤了……谁能救救我？"

"最近总感觉身体不舒服，上网查了相关症状，真是越想越可怕，我好像得了绝症！今天鼓起勇气去医院做了检查，结果要一个星期之后才能知道。天哪！这一个星期我该怎么熬过去？我快要疯了！"

"我感觉自己失败极了。毕业已经五年了，我还是一事无成，在最普通的岗位上做着毫无挑战性的工作。同学和朋友大都已经成家立业，混得风生水起，我感觉自己跟他们完全不是一个层次的了。我也想要跳槽，换一个更具前景的职业，可是现在竞争这么激烈，我肯定不行……"

"我是一个人住的,每天晚上睡觉我都感觉窗外有人,我知道这是自己吓唬自己,但就是控制不住,惶恐不安。"

"时代发展得太快了,我感觉自己要被时代抛弃了。无论我怎么努力,总是有更多的人比我优秀,我感觉自己离目标越来越远。活着真是好累啊!我好想停下来歇一歇,但又不得不马不停蹄地追逐……"

……

这些情景,是不是很熟悉?你或多或少也有过类似的情绪体验吧?比如,考试来临时惶恐不安,接到公司的任务后"压力山大",被上司批评后耿耿于怀,看到同龄人混得比自己好而心急、慌乱,遇到事情总是先往坏处想……这种无法控制、难以捉摸的负面情绪,就是本书要讨论的一种心理问题——焦虑。

焦虑是个普遍存在的问题,每个人都经历过,许多人甚至每天都被不同程度的焦虑所困扰。大部分人都习惯以消极的思维预测未来,常常会将一件小事想象成灾难,有时又过度小看自己的能力,因此,焦虑就不可避免地产生了。

在讨论这个话题之前,我们必须为焦虑"正名":这个难缠的家伙真的一无是处吗?事实上,每种负面情绪都有其存在的理由,都是我们的心理防御机制所产生的应激反应。比如,愤怒的产生是缘于对自我权利的维护,忧伤则是我们对困境、灾难的回应,它们都在某种程度上使我们的情感和人格趋于完整,是一种正常的心理表现。焦虑也一样,它就像我们心中的卫士,提醒我们危险的来临,并对我们从头到脚进行"检视",帮我们揪出所有的"不安全因素"。它不断地逐一排查你的身体、家庭、生活、工作、人际关系,使我们快速意识到威胁的来临,并逼着我们采取积极措施。虽然焦虑常常让我们感到不快,但从某方面来说,这并不是坏事,它就像一个警报灯一样,可以让我们提高警惕性,降低风险性,增强责任感。

虽然焦虑是我们的心灵卫士,但一旦它的精力太过旺盛,总是废寝忘食、夜以继日地工作,对一些原本不需要参与的事情加以干涉,就会给我们的心理造成伤害。焦虑感太过频繁,会使人一直处于紧张状态,无法正常地生活。

对于许多人来说,他们只是在遇到不好的事情时才会感到焦虑,并且程度并不会很强烈,这种情况我们称之为现实性焦虑,也叫做合理性焦虑。而另一些人,他们即使在事情进展顺利的时候也会出现焦虑,他们无法控制自己的情绪,在他们的头脑中会不停地出现一些不好的想法,就像一个失控的警笛一样,随时都在发出蜂鸣声。这种焦虑才是本书所要讨论的,我们称之为广泛性焦虑,也叫做破坏性焦虑。歌德曾说,他的一生当中只有两天是真正快乐的。大多数时候,即使一切顺利,他也会产生各种担忧,总觉得有什么不好的事情会发生,仿佛下一秒就会陷入失控。这就是典型的广泛性焦虑。每个人都会出现或多或少的焦虑症状,正常的焦虑情绪能够帮助我们面对突发的事情,但是长期的焦虑情绪却会影响我们的心理健康。

为什么我们的焦虑不安会经常出现,无法控制?为什么我们取得越多的成就,反而越惶恐?为什么我们生活得越好,却越无法获得宁静和幸福感呢?

随着经济水平的提高,越来越多的人陷入了"中等收入陷阱",从而产生"中等收入焦虑":收入在中等以上水平的人,原本应该过着相对富裕的生活,但他们反而比其他人更为不安。他们在家庭、事业、人际关系等方面产生了各种压力;他们渴望寻求突破,却仿佛陷入了瓶颈。这种状态,也使很大一部分人陷入了集体性焦虑。这种焦灼感挥之不去,困扰着现代人。严重焦虑的人随处可见,他们感觉无法控制自己的心绪,时刻坐立不安,做事缺乏耐心、无法集中精力、容易疲劳、情绪极度失控、极易愤怒……还有相当大的一部分人会被失眠、噩梦所困扰——这都与焦虑有关。

然而，与抑郁、伤痛、愤怒等单一化的负面情绪不同，焦虑相对更微妙、更复杂，甚至更难以形容——我们都曾切身体会过这种煎熬，却无法清晰、直接地表达其感受。这当然不能归咎于语言的局限，这是缘于引起焦虑的原因更繁复，症状更多样。焦虑这种情绪本身就像一团乱麻一样，它还包含了忧虑、惊恐、烦躁等一系列负面情绪。我们可以用各种手段让忧郁的人快乐起来，让愤怒的人平静下来，却通常对焦虑束手无策。并且，当我们越集中注意力想要摆脱它，就会越发地变得焦虑。

那么，对于焦虑，我们真的无计可施了吗？

本书的作者对现代人所产生的普遍性焦虑进行了深入的研究和剖析，仔细分析了多种由焦虑引起的常见心理问题，并结合多名心理学家的治疗经验和大量临床案例，得出了许多简单、实用、有效的技巧，能够教给读者一些预防和掌控焦虑情绪的好方法。书中的一些方法可能对你来说比较新奇，没关系，只要你敢于尝试，就会对你有所帮助。

如果你也常常焦虑起来一发不可收拾，别慌，这本书将带你走出困境！

# 目录 CONTENTS

**P001　第 1 章　人人都有焦虑感**

　　许多时候，我们都误解了焦虑，认为焦虑一定是心理的敌人。事实上，所有的负面情绪都有它存在的必要性和合理性。焦虑是我们大脑的一种防御机制，它可以提醒人周边潜在的危险，是我们对周围环境作出的恰当的反应。

　　适当的焦虑能帮助你更客观地认识处境，起到未雨绸缪的作用。但是如果焦虑过度，那么作用就适得其反了。

那些因陷入焦虑而无法自拔的日子　/　002
来者不善？　/　005
当守护者变为破坏者　/　007
无法走出的高频惶恐　/　010
过度担忧真的会让事情变得更好？　/　012
那些伤，为什么你放不下？　/　014
害怕面对人群中的自己　/　017

**P021　第 2 章　你为什么总焦虑?**

每个人都会焦虑,所有人都可能被焦虑所环绕,只是程度不一样而已。引起焦虑的原因有很多,但其产生规律都是相似的——我们总是逼着自己去做不想做的事,并且毫无乐趣可言。

"节奏太快,我跟不上了"——压力感 / 022
别人会怎么看?——认同危机 / 026
无法做自己——身份焦虑 / 028
绝不能做loser——失败恐惧 / 031
一定要展现最好的一面——完美主义 / 035
"我总觉得自己很差劲"——自我贬低 / 039

**P043　第 3 章　斩断焦虑思维,打破自我折磨的死循环**

很多人在面对困境时,都会耸耸肩,接受事实,然后积极地寻找解决办法;有的人则会被动地适应现状,不断地被沮丧和痛苦所折磨,产生习惯性焦虑。理性情绪疗法的创始人阿尔伯特·埃利斯认为:"情绪直接来自于我们自己的想法、观念、态度和信念。"不同的思维方式和行为习惯能够导致完全不同的生活状态。

生活本身不会产生焦虑,焦虑是你自己想出来的。

当"我想要"遇上"我应该" / 044
这世上没有绝对的坏事 / 047
想出来的灾难 / 050
自我标签VS负面暗示 / 054
"都是我不好" / 058

外界批评是如何"毁掉"一个人的 / 061

**P065　第 4 章　你到底在怕什么?**

　　害怕并不是因为胆小,即使最勇敢的人,也有恐惧的时候。恐惧是一种正常的心理应激反应,它可以帮助人们提高警惕、规避危险。但是,高频率、高强度,以及对特定事物的特殊恐惧,则会给人的身心带来不必要的损伤。事实上,我们所害怕的许多事物,都只是我们自己塑造的"魔鬼"。

**恐惧:焦虑的极致体现 / 066**
**把心放在哪里才会安全? / 068**
**死神来了? / 071**
**电梯里的恐慌 / 074**
**恐惧来自你内心的压迫感 / 077**
**森田疗法:不抵抗,不逃避 / 079**
**循序渐进,恐惧"Bye-bye" / 082**

**P085　第 5 章　安全感是自己给的**

　　习惯性失眠、噩梦连连、过度忧虑、惶恐不安……这些难以摆脱的心理问题困扰着许多人。有些人总是莫名其妙地感到恐慌,甚至无法找到原因,但有一点是很明确的——他们缺乏安全感。
　　人们害怕未知的事物,下意识地逃避"不确定"的风险。一旦离开自己的掌控范围,心理的安全系数就会下降,从而产生焦虑。

**人人都会有不安全感 / 086**

你所担心的，绝大多数都不会发生 / 088

行为抑制法：接触那些令你不安的事物 / 091

无法走出的保护圈 / 093

她为什么一上学就生病？ / 095

丢掉不安全感，让自己平静下来 / 097

不再纠结，先做好最坏的心理准备 / 100

## P105　第6章　压力感是自己逼出来的

在社会结构急速转型的今天，每个人都避免不了压力感。工作压力、生活压力、情感压力、时间压力……无数的压力以各种形式挤压着我们的身心。压力是焦虑之源，只有转换潜意识思维模式，才能清晰地找准压力的出口，成功地将其释放出去，重获轻松。

没有超负荷的工作，只有超负荷的情绪 / 106

从现在开始，"浪费"时间 / 109

你的工作日程里有"休息"这项吗？ / 113

责任感"爆棚"就能得到认可吗？ / 116

"独行者"的困境 / 118

你并不是唯一的不幸者 / 122

## P127　第7章　不焦虑行为养成法，告别"压力山大"

心理状况可以决定行为模式，反过来，行为也可以影响人的心理。高效的工作模式、有序的生活状态可以极大地减少焦虑的产生。这很容易理解：一个能够快速、出色地完成所有任务的人，是不会对工作产生压力感的。

行为对情绪的反向影响 / 128

拖延者的焦虑症 / 131

低效率者的职场焦虑 / 134

每一个消极倾向,都是你的"亚人格" / 138

调动自控力,战胜自己,赶走焦虑 / 141

空想家的焦虑:想得太多,做得太少 / 143

## P147　第8章　不完美焦虑症:别对自己太"狠"了

人们对自我的要求越来越高,这是优点,也是缺点。许多人要求生活中的每一个细节都尽善尽美,一旦不如己意,就会产生焦虑感,陷入自我折磨的怪圈——越要求完美,反而离完美越远。这也就是我们所说的"不完美焦虑症"。

病态性完美主义是焦虑的根源 / 148

你是哪一种完美主义者? / 152

"黑天鹅"的自我毁灭 / 153

"我也有自己的软肋" / 156

自我施压真的会让人变得更好吗? / 159

空与满的博弈 / 162

## P167　第9章　摆脱社交焦虑,与麻烦的人不麻烦地相处

在日常的社会交往中,我们会遇到许多麻烦人和麻烦事,从而让自己陷入混乱之中。由于不符合意愿的人际关系而产生的焦虑感,我们称之为情感焦虑。无论依赖还是被依赖,操纵还是被操纵,指责还是被指责,都会带来不同程度的情感焦虑。

别做依赖者，摆脱情感焦虑 / 168

摆脱情感操纵：当对方不断蚕食你的生活时 / 171

看破非对等关系，当心他人的利用 / 174

越可怜的人，越可怕 / 178

讨厌鬼也能"为我所用" / 180

拆穿刁难者的心思 / 183

## P187　第 10 章　建立强大的心理屏障，阻隔焦虑

莎士比亚说："事情没有好坏，全在于你怎么看。"同样的困境，对于不同的人，会产生完全不同的效果，这完全取决于当事人的心态。

没有任何事情能够伤害一颗强大的心。做内心强大的人，养成理性思考的习惯，培养积极的情绪，能够有效地阻隔焦虑。

你的情绪定势是怎样的？ / 188

培养积极的情绪，让焦虑感无处遁形 / 192

调整心情，重拾宁静 / 195

识不足则多虑 / 197

过去的你≠未来的你 / 200

## P205　附：行动起来！摆脱焦虑的自我疗愈法

意义疗法：拯救心灵失衡 / 206

反向思考：美化痛苦的经历 / 209

内观认知疗法：专注内在感受 / 212

正念练习，平静地对待挥之不去的小情绪 / 216

ACT疗法：接受，并且认同 / 218

释放法：为焦虑找个无伤大雅的出口 / 220

描述体验：重新"经历" / 221

痛快说出来 / 223

简单易行的焦虑症治愈 Tips / 225

# 第1章

# 人人都有焦虑感

许多时候,我们都误解了焦虑,认为焦虑一定是心理的敌人。事实上,所有的负面情绪都有它存在的必要性和合理性。焦虑是我们大脑的一种防御机制,它可以提醒人周边潜在的危险,是我们对周围环境作出的恰当的反应。

适当的焦虑能帮助你更客观地认识处境,起到未雨绸缪的作用。但是如果焦虑过度,那么作用就适得其反了。

## 那些因陷入焦虑而无法自拔的日子

你是否只要在走廊里遇见自己的老板,就会感到紧张不安?在接下一项新任务后,你会不会担心自己可能无法胜任,因此每日茶饭不思,每晚辗转反侧?甚至有时候没有任何事情发生,但你还是觉得隐隐的焦虑,会忍不住猜想接下来会发生什么事情,自己是不是能够解决?一旦你形成了这种惯性思维,你的大脑就只会把这个世界看成一个可怕而不友好的地方,而那些你还不确信的念头最终会变成事实,从而使你失去力量和自由。

马克是一个非常成功的企业高管,他对自己一向有着极高的期许。一家猎头公司打算以高价把他挖走,他现在的老板为了留住他便决定给他升职、加薪。按理说,马克该感到心满意足了,可是,事情恰恰开始偏离马克的预想。

上任新职位后,在做第一次业务报告时,马克就在伙伴们面前出了丑。他显得很慌乱,好几次说错了数据。他以为这只是自己没有睡好的原因,但是尴尬的事情接二连三发生,他甚至找不到自己已经做好的文件了。他意识到情况不妙了，就去询问心理医生。医生告诉他，他的健康没有问题，只是精神压力太大，太过于焦虑了。

"什么？焦虑？你说的是我吗？这怎么可能！"马克大吃一惊。在商界已经身经百战的他一向是以冷静、沉稳著称的，他的团队也总是把他看成主心骨，更何况升职是好事儿，他怎么可能焦虑？

事实上，焦虑很多时候并不为我们所察觉，它似乎很容易就成为我们习以为常的感觉。适当的焦虑并不是一件坏事，可是当它开始影响我们正常的工作和生活时，情况就不妙了。对于工作一向顺利，即使压力再大也成竹在胸的马克来说，他无法想象焦虑会对他产生那么大的影响，他甚至不知道自己是处于焦虑的状态中的。那么，马克的问题出在哪儿呢？

心理医生告诉马克，原来，正是他的晋职惹的麻烦。过去马克之所以没有这方面的困扰，是因为他觉得自己的成绩是建立在自己百分百的努力、付出上的，他得到晋升和加薪也是理所当然的。但现在，马克潜意识里总认为他得到这个职位完全是因为老板不想让他去另一家公司，这让他不再像以前那样心安理得了。一开始，他内心的不安、忐忑并没有被他察觉到，但等到具体接触业务时，焦虑就将原本自信的他打败了，因此，他才频频出错。

现在，让我们来进一步认识焦虑对我们而言究竟意味着什么，我们又该如何对待它。

虽然焦虑情绪让人充满了矛盾，但也正是这种情绪让我们保持清醒，完善自身。一定程度的焦虑可以帮助你走向成功：迫在眉睫的最后期限，同事带来的压力，苛刻的老板，财政危机等都会成为促使我们采取行动的强大动机。从这个意义上说，适度的焦虑是有益的，因为它可以促使我们调动所有的能力和资源来避免陷入危险的境地。但遗憾的是，很多人并不能很好地把握焦虑情绪的度，不但没有将这种情绪变成强大的催化剂，反而让它消耗我们的精神和心情，最后让自己感到不安和无力。

焦虑本身意味着一种矛盾和冲突，就像马克那样：原先的他认为自己只是一个靠能力成功的高管，可是一旦认为除了自己的努力，还有别的因素掺杂其中时，矛盾就产生了。我们也和马克一样，每天都在扮演着不同的角色：在孩子面前，我们是父母；在上司面前，我们是下属；而对我们自己来说，自己就是一切。当潜意识里的任意两个角色开始争论"怎么样才是最好"时，就会产生内心的冲突。因此，我们首先要做的，是能够觉察到自己的焦虑，然后想办法寻找焦虑的根由。

当你把老板一次轻轻的皱眉理解为自己即将被解雇的信号，你就要开始当心了，因为这说明你已经太过频繁地激活"焦虑"的应激反应，把遭受意外情况时简单的心理变化转变成焦虑了。

现在，让我们来看一下你是否有下列症状：

1. 消极地躲避假定的危险情况；2. 总是对情况作最坏的设想；3. 容易心神不宁、情绪紧张或烦躁不安；4. 容易疲劳；5. 精力难以集中或大脑出现空白；6. 易怒；7. 肌肉僵硬；8. 睡眠失调（难以入睡、睡不踏实或感觉睡不够）。

在生理上，长期的焦虑还会导致严重的健康问题，如高血压、慢性疼痛、肥胖、心脏病、糖尿病、自身免疫性疾病，甚至癌症。

美国心理学家卡罗尔·伊萨尔德指出，情感筛选我们的知觉。他写道，当一个人感到很幸福的时候，他则透过玫瑰色的眼镜感知世界。他会以轻盈的、矫健的步伐欢度人生，并且能够用一些最普通的办法来保持平静的心态，仿佛日落时分野花的芬芳和鸟儿的翱翔。而当他惶惶不安、担惊受怕时，他则在阴暗的色调中感知一切，并且会在根本不存在危险和恐吓的地方发现危险和恐吓。

未雨绸缪是值得认可的，但是对于未来可能会发生或者根本不会发生的事情感到莫名的担心,不相信自己的能力,并为此心烦意乱、情绪紧张,就可能会让自己的生活变得一团糟。

## 来者不善?

**潜伏在心里的"自我防御系统"**

近代德国诗人歌德在其长诗《浮士德》中,有一段诗很形象地描述了焦虑感:

> 每天早上醒来,我都觉得惶恐,
> 想到这一天当中,一个愿望
> 也不会实现,一个也不行。
> 活跃的满腔创新的思想,
> 都受到无数俗虑的干扰。
> 等到黑夜降临,上床就寝,
> 在床上也是惶惶不安,
> 许多噩梦使我胆寒。
> 活跃在我的心中的神,
> 能深深激动我的内心,
> 但这支配我的全部力量的神,
> 却没有对付外力的本领。
> 我觉得生存真是麻烦,
> 我宁愿死,不愿活在世间。

人体的生理反应是不需要意识的参与的，就好像天热了我们就会出汗来散热，寒冷的时候身体就会通过颤抖来产生热量。但生理反应不能满足我们的一切需要，当人体的自主系统所不能满足的需要被意识到时，就成为人们的欲望和各种行为动机。这时，我们会知道冷了要穿衣服，热了要开空调。如果这种有意识的行为还不能达到满足需要的目的时，焦虑感便产生了。

所有不愉快的情绪都源于生理和心理的失衡，人们以各种方式去修复它。有的是克服障碍，改善自身能力和条件；有的选择降低欲望，或采取合理化解释，给自己一个台阶下。如果不能做到这几点，就无法恢复心理的平衡和宁静，消极情绪包括焦虑等积累和强化到一定程度，就会产生心理失常、精神病等严重心理疾病，甚至导致自杀等自毁行为。

焦虑是一种常见情绪状态，是一种内心紧张不安、预感到似乎将要发生某种不利情况而又难于应付的不愉快情绪。一般说，在心理学中通常把有明确对象的不安、担心和忧虑称为恐惧，而没有明确对象的恐惧就是焦虑。也就是说，焦虑是根本找不到目标的恐惧，它表面上比恐惧的程度要浅，但正因为它没有清晰的对象，没有明确的方向，才让人无从下手，从而使人更加惶恐、无措。事实上，它给人们带来的心理困扰丝毫不亚于恐惧感。

### 合理性焦虑：未雨绸缪的必要性

焦虑作为一种心理疼痛，人人都希望能免受它的折磨。不过，我们也不能忽略焦虑的作用，我们必须正视焦虑，它并不只是给我们带来危害，它也有好的一面。它可以时时提醒我们，使我们随机应变，随时防御所面临的危机。

我们将必要的焦虑称为合理性焦虑。合理性焦虑是危险来临之前的警笛，它能够让我们时刻保持警惕，并主动寻找解决方法。从某种程度上来讲，焦虑也是为了保护我们的心灵，它会殚精竭虑地为我们排查一切有可能存在的危险，虽然它令人非常不愉快。我们不妨回想一下曾经让自己烦躁不安、受尽折磨的经历，我们会发现，那些折磨只是为我们敲响了危险的警钟，就像汽车上闪动着的"汽油不足"的警示灯一样，能够提醒我们提前做好准备，未雨绸缪。如果我们忽视了这个提醒，切断电源，继续向前驾驶，就可能会出现油尽灯枯的结果。

此外，焦虑不仅促使我们未雨绸缪，防患于未然，也可增加我们抵抗不良刺激的能力。在略微感到焦虑的情况下，我们的大脑会保持高速运作，注意力更集中，工作也会做得更完善。

## 当守护者变为破坏者

那么，我们是否应该放任焦虑情绪，任其自由发展呢？其实，许多情况下，焦虑是不必要的，如果我们对这些焦虑感到见怪不怪，一味地放任它，它就会像一匹脱缰的野马一样失去控制。我们的日常生活中出现的许多焦虑情绪，都是源于自己太过敏感的心理，所以，即使不幸的事情离我们很远，我们也会感到烦躁不安。

过度焦虑会发生问题。这是许多行为动机的共同特征：当动机适量存在时，工作效率和进度是随着动机程度的增加而增加。一旦超过顶峰状态，过强的行为动机反而阻碍工作的再进展。焦虑也是如此，轻度的焦虑使我们淋漓尽致地发挥潜力，过度的焦虑却又使人衰颓丧志。

判断在什么情况下，我们的焦虑是不必要的，主要有三个指标：一是焦虑的范围；二是焦虑的作用；三是焦虑的强度。

### 焦虑的范围

我们应该问问自己：我此时的焦虑是否合理？并判断我们的焦虑是否已经超出了威胁所涉及的范围。有些事情与我们无关，却让我们感到忧心忡忡；还有些则是曾经发生过的不幸的事情，造成了心灵的阴影，这都是不必要的焦虑。下面是一些例子：

一位同事由于工作出现了严重失误而被解雇了。这时，凯莉开始坐立不安，认为自己也面临着被解雇的危险。

一位消防员，在参与科威特大油田灭火行动之后，每晚都受到噩梦的困扰，总是被那些大火蔓延的可怕梦境所惊醒。

罗特担心第二天的面试不能通过，因此整晚都睡不着，一直看着天花板想象面试的场景。

我们所处的环境不同，焦虑的程度也不尽相同。许多人只是偶感焦虑，而另外一些人则会经常焦虑，动不动便杞人忧天，这种焦虑就是没必要的。

**焦虑的作用**

焦虑最开始出现时的作用，是提醒我们为临近的危险做好准备并积极地采取行动，以此改变事态的发展趋势。但如果焦虑不受自己的控制，开始肆无忌惮地壮大，达到极致时，它的作用就改变了。它会麻痹我们的感受，让我们变得无动于衷，甚至一直消极下去。以下是一些因为焦虑而产生了麻痹作用的例子：

一位女孩在亲眼看到一起车祸后，终日躲在家里不敢出门，害怕被车撞死。

一位音乐家担心自己所做的音乐不能够得到人们的认可，所以不再进行创作。

一位小伙子总觉得女朋友对他不忠，所以停止了与她的约会。

这就是从本质上改变了焦虑的积极作用，这样的焦虑也是不必要的。

**焦虑的强度**

有心理学家将焦虑的程度用游乐园给人的感受作比喻：游乐场能引人入胜的原因恰恰在于，在可以控制的情况下，给予少量焦虑的刺激，可使我们享受到焦虑消逝时的欢畅。比如我们在乘坐海盗船、过山车时，能够在最"危险"的状态下，体会到一种恐惧感，而这恰好能够刺激我们的神经，让我们兴奋。紧张刺激的杂志、冒险探奇的电影之所以能够畅销，原因也在于此。因为读者或观众自知短暂的焦虑无切身之害，所以可以尽情享受焦虑的刺激，它令人兴奋和活泼。相反，如果游乐场的游戏每分每秒都有生命的威胁，就不会有人愿意一试了，因为这会让人的焦虑感达到极致，没人会对这种感觉有兴趣。

适度的焦虑可以让我们头脑更加清醒，甚至带来一丝刺激。但如果焦虑过度，那就会给心理带来疾病。比如，有人总觉得自己是失败者，觉得什么事情都处理不好，觉得四周充满了危险，这都是过度的焦虑情绪，同样，也是不必要的。

这些不必要的焦虑，都会令我们感到惶惶不可终日，它会阻碍我们前进的脚步，让我们对自己、对生活失去信心，让我们无法从容应对生活中的各种局面。如果我们被这些无意义的焦虑不断地折磨，就会产生一种恶性循环——过度焦虑必定会使我们的生活无法按着正常的轨迹运行，而我们生活中的不顺又会给我们带来更多的焦虑，这必然会使人陷入更加惶恐不安的境地。

## 无法走出的高频惶恐

**广泛性焦虑**

哈尔是牛津大学一年级的学生，入学已经半年了，他的成绩始终处于班级的后几名。为了取得好成绩，他总是废寝忘食地学习，有时甚至在考试之前通宵看书，然而结果却始终令他失望。

这周五，学校又举行了一次考试，哈尔在第一场考试结束时就十分灰心，因为他还有很多题目不会做。他知道这场肯定没有考好，想到自己考前曾刻苦用心地学习，便感觉伤心不已。全天的考试结束后，哈尔不敢有丝毫松懈，立刻进入下一场的备战。由于精神紧张，他虽然翻着课本，可是脑海中始终翻腾着当天考试的内容，根本静不下心来复习。

到了晚上休息时间，哈尔躺在床上辗转反侧。尽管他一再告诫自己赶紧睡觉，为第二天的考试储备精力，然而他心中的焦虑感总是挥之不去，伴随而来的还有无力感和沮丧感。到了凌晨3点，他才终于昏昏沉沉地睡去。过了几个小时，哈尔猛然被"在考场上"的噩梦惊醒，心中的焦灼感几乎是立刻死灰复燃，他痛苦地起床，又匆匆拿起书本看了起来，越看越觉得好多知识都没有掌握，他的心跳又开始加快，手也开始微微颤抖。

到了早餐时间，哈尔虽然一点胃口都没有，但还是机械地往嘴里塞着吐司，近乎嚼蜡地吞咽下去。很快，他就因胃里难受而将所有的东西都吐了出来。他头晕目眩，几乎没有力气去参加考试。他望着盥洗室镜子里那张憔悴的脸，绝望地哭了起来。

我们在日常生活中经常使用"焦虑"这个词，它往往与"害怕"表达相似的意思。当我们面临一次重要的考试时，或在老板大发脾气的时候，或在知道孩子得了某种疾病的时候，我们都会感到焦虑不安。我们已经说过，焦虑并不是什么坏事，一定程度的焦虑往往能够促使我们鼓起力量，去应付即将发生的危机。但是，如果你过度焦虑，以至于达到了疾患的程度，那么它就是一种没有明确原因的、令人不愉快的紧张状态。如果这种状态持续一段时间，甚至达到了广泛性焦虑障碍的程度，那么这种焦虑情绪就会起到相反的作用。它会妨碍你去应付、去面对当前的危机，甚至妨碍你的日常生活。

广泛性焦虑障碍患者通常会将生活中每件事情的严重程度过于夸大。如果你患了广泛性焦虑障碍，你可能在没有什么明确原因的情况下就会感到坐立不安、失眠、注意力难以集中、记忆困难、易怒和敏感，并出现一系列躯体症状，如震颤、肌肉疼痛、出汗、腹部不适、头昏眼花等。你会觉得你的焦虑情绪非常妨碍你的生活，以至于什么事情都干不了。

世界卫生组织将焦虑障碍分为广泛性焦虑障碍（GAD）、惊恐障碍、混合性焦虑和抑郁障碍，其中广泛性焦虑障碍最常见，该类型患者占焦虑障碍患者的60%左右。在美国，焦虑障碍的终生患病率大约为28.8%，超过1/4的人在一生中都会经历过至少一次焦虑发作。

广泛性焦虑症的表现主要有以下几种：

1. 过度焦虑和忧虑（不安的期待），持续至少六个月时间，焦虑针对多种事件（比如在单位或学校的表现）。

2. 感觉控制忧虑很困难。

3. 焦虑和忧虑造成下列六种症状中的三种或更多种（至少持续六个月时间）：心神不宁、情绪紧张或烦躁不安；容易疲劳；精力难以集中或大脑出现空白；易怒；肌肉僵硬；睡眠失调（难以入睡、睡不踏实或感觉睡不够）。

广泛性焦虑症患者会不断幻想潜在的危险，并逼迫自己寻找保护自己的方式。他们的内心世界循环播放各种可怕事件的特写镜头，这些细节既有真实的，也有想象的。与创伤后应激障碍不同，创伤后应激障碍患者心头萦绕的是可怕的、真实的记忆；而广泛性焦虑症患者则通常是被自己的幻想慢慢侵蚀。

## 过度担忧真的会让事情变得更好？

### 强迫型焦虑者的死循环

强迫型焦虑者，顾名思义，他们会无休止的强迫自己去做某件事情，通常会伴随焦虑、恐惧和紧张的情绪。他们总是觉得最坏的事情即将发生，经常坐立不安、茶饭不思，又缺乏安全感，整天心烦意乱，对外界事物都失去兴趣。

小王是就是一个强迫型焦虑者，不管遇到任何事情，他都会莫名地产生焦虑、紧张情绪。早上起床他会担心今天去公司还有很多事情没有处理，刷牙会担心牙龈出血，吃饭会担心农药过多，出门担心飞来横祸，上班担心迟到，工作担心事情完成不了遭到责罚。下班碰到堵车也会引发焦虑情绪，晚上回到家一想到今天没完成的事情，又会陷入惶恐不安的情绪。就连睡觉也睡不好，他总是担心自己夜里会因失眠而影响第二天的工作，而他越担心，就越无法入眠……

总之，任何一件事都可以引发他的焦虑情绪，而拖延往往就在他这种焦虑不安的状态中产生了。

有一次开会，大家都汇报了自己的工作，临近尾声领导发表了讲话，拿他举了个例子，点评了两句，并交给他一项工作任务，限期三天内完成。其实,这个就是一般的工作分配,并没有什么特殊的含义。但他可不这么认为,他觉得领导在会上只点了自己的名字,安排任务还限定了时间,对其他人都没有任何举动,这肯定有问题。

"难道是领导对我有意见,所以当着大家伙儿的面给我下马威?""又或者领导对团队不满意,点我出来'杀鸡儆猴'?""还是我的性格懦弱,领导'捡软柿子捏'?"……

他就这么一直纠结在领导的用意上,始终猜不透领导的意思,越想越夸张,越想越恐怖。导致没心思做事,领导交代的任务也因为紧张无法集中注意力,进展很慢。

过了两天,领导过来了解进度,结果出乎领导意料,本来安排的时间绰绰有余,正常情况下小王应该一天半就可以完成,没想到现在还没有完成。再看小王,神情紧张、眼神恍惚不定,嘴唇干裂并伴有轻微的颤抖,额头上还有一些细小的汗珠(当时办公室里正开着空调)。

看到小王的反应,领导以为他生病了,所以耽误了工作,于是关切地询问他的身体状况。结果一问才知道,他身体没病,有病的是心,因为他无事生非的胡思乱想,导致情绪出现很大的波动,影响到自己的行动力,使效率大大降低。其实领导当时压根就没什么特殊含义,反而是觉得小王近期的表现还不错,所以就拿他举了个例子,而且给他安排任务也纯碎是一个项目需求,完全没有他那些乱七八糟的想法。

这就是强迫型焦虑者的生活常态,在常人看来是很夸张,但这确实是困扰他们的一大难题,甚至是痛苦的折磨。

因为对任何事情都充满担忧,所以在做事情的时候也是畏首畏尾、犹豫不定,当心理压力过大,觉得完成不了的时候,就会产生放弃的念头,或者找其他事情来分散自己的注意力。所以说拖延和焦虑是一对"孪生兄弟",而拖延是为了逃避现实、缓解焦虑。

心理学已经证实，严重的焦虑会导致人产生很多心理疾病。当你采取强制手段来减轻焦虑，就可能会形成强迫症；当你想用其他事情来转移焦虑，或者采取延迟再做的想法来缓解焦虑，就会导致拖延症。

## 那些伤，为什么你放不下？

**创伤性焦虑**

迪克的父亲去世了，这使迪克一度沉入悲伤之中。虽然，那段噩梦般的日子已经过去三年了，但是，每当他回忆起那一刻，就会痛苦不已。一次，一位老客户友好地问候他："祝你和你的家人平安。"而迪克听到这句简单的问候时，一瞬间泪如泉涌。

迪克的母亲在他很小的时候就出了意外，他是被父亲抚养大的，他很爱父亲。长大成人之后，由于忙于工作，他很少回家看望父亲。父亲去世的前一个月，有天是父亲的生日，迪克答应回去陪父亲一起庆祝，却由于其他的事情而耽搁了。迪克跟父亲约好，一个月后就回家。没想到，就在迪克打算履行承诺的时候，却传来了噩耗：父亲出车祸死了。

人生不如意的事，十之八九。这个世界上，每天都有人面对生离死别，而很少有人会坦然地接受这些令人悲痛欲绝的事情。虽然我们已经早早地为这些伤痛的事情做好了心理准备，但当它们忽然来袭时，我们仍然无法招架，甚至陷入绝望之中，无法自拔。

陷入痛苦之中，会导致情况越来越糟。这种痛苦的情绪对我们的破坏性非常大，而且往往比较持久，有的甚至可以影响一生。心理学家将痛苦情绪称为"创伤后应激障碍"（PTSD），创伤后应激障碍也会让人产生极大的焦虑感，我们称之为创伤性焦虑。许多经历过痛苦的人都会出现这种焦虑症。

创伤性焦虑症，顾名思义，就是指在目睹或遭受重大事故（比如死亡威胁）后，对人的内心造成巨大伤害，从而导致的精神障碍。在外部事件的刺激下，患者会表现出情绪激动、紧张和恐惧，整夜不能入睡，夜夜做噩梦，梦见自己仍在遭受创伤的场景。当患者在生活中碰到类似的场景或者回忆相关信息时，会从紧张、出汗、心跳加速，慢慢演变为极度恐惧：浑身哆嗦、坐立不安，身体表现出逃离的状态。

每次重大自然灾害和人类战争爆发之后，都会有很多人患上创伤性焦虑症，比如第一、二次世界大战中，那些遭受蹂躏的民众和受伤的士兵，地震、海啸中的灾民。距离"911"恐怖袭击事件过去已经十多年了，现在还有一些美国民众依然表现出PTSD的长期症状，只要听见突发的巨响，脑子第一反应就是"哪儿爆炸了"。2008年汶川地震，因为当地环境比较恶劣，导致救援工作推进异常艰难，缓慢的救援速度导致了一些灾民和救援人员产生幻灭、绝望的情绪，一点点风吹草动，他们都会陷入惶恐："又震了吗？"

正常情况下，一般人在经历重大灾难后，都会出现紧张、恐惧的反应，那么如何分辨是否患有创伤后应激障碍呢？

大多数患者会随着时间的冲淡和生活状况的改变而自行痊愈。如果灾难发生后一个月甚至更长时间，以上的症状仍持续出现，则可以诊断为创伤后应激障碍。

陷入PTSD中的人，主要会出现以下一些表现：

重新体验（Reliving）：那些痛苦的事件会一次又一次地闯入梦境，或者不断地在脑海中浮现。

在父亲去世后的几年中，迪克每天都会想起父亲发生车祸后，警察打来的那一通电话。他每晚都会不断地梦到父亲在弥留之时对他慈爱地微笑。

焦虑（Anxiety）：在痛苦之中的人，通常会寝食难安，甚至彻夜不眠。这种痛苦情绪会使人精神恍惚，烦躁不安，感觉世界上的一切都在与自己作对。

在父亲死后，每当电话响起，迪克就会被惊吓到，之后，脑中就会一片空白。

麻木（Numbness）：当我们处在伤痛之中，我们会变得麻木不仁，对生活失去热情，对未来失去希望，对自己失去信心；不愿与他人交流，也不愿意参与任何活动，甚至慢慢地，我们会远离人群，只愿意一个人独处。

迪克对他曾经无比热爱的各种事情失去了热情，也懒得与交往不久的女朋友约会了。他变得异常冷淡，导致工作中频繁出错，女友也与他分手了。

事实上，PTSD症状在我们日常生活中发生率是比较高的，只是程度不一样而已。有时候，一些普通的伤痛经历也会使我们陷入PTSD的泥沼之中而无法自拔。许多心理学家通过研究得出一个结论：这些伤痛症状并不一定取决于事件的恶劣程度，而是取决于我们的内心。

我们每个人都会遭遇各种或大或小的伤痛事件，但是可能很多人不会出现以上那些可怕的症状。这是因为，许多人的复原能力很强，在经历伤痛之后，他们很容易恢复过来，开始新的生活，重新快乐起来。而另外一些人的心灵比较脆弱，这些创伤性事件会彻底打击他们的内心，使他们改变自己的人生观和价值观，深深地沉入伤痛的深渊中，最终导致出现PTSD症状。

我们可以来判断一下，你在经历创伤性事件后，是属于能够很快恢复这一类的，还是属于容易陷入PTSD这一类的？

我们先来看看两个例子：

哥伦比亚的一家工厂发生爆炸事故后，那些平时表现乐观、态度积极的人恢复得很好，而那些总是优柔寡断、做事浮躁的人则大都陷入了悲伤和惶恐之中。

澳大利亚的一场特大森林火灾中，有469名消防人员被困。事后，那些曾在心理健康测试中得高分的人大都比较平静，而那些原本就比较容易焦虑、性格暴躁的人大都表现出明显的PTSD症状。

通过以上的例子我们可以发现，那些原本心理就很乐观积极的人，经过伤痛事件后能够很快地恢复；而那些本来就消极的人，则容易在经历创伤事件后沉沦下去。PTSD告诉我们一个道理：灾难固然可怕，但更为可怕的是无法释怀的心！

## 害怕面对人群中的自己

教室里，老师正在讲授微积分。

黑板上，老师列出了几道题目让同学们自己演算，教室里很安静，只听到笔落在纸上的刷刷声。坐在前排的莫娜此时却感觉心乱如麻，她根本没有听懂老师在讲什么，笔只能无意识地在草稿纸上乱涂乱画。

"好，大家都做得差不多了吧？现在，我请同学站起来告诉我答案。"

莫娜的头皮一下子抽紧了，"千万别叫我！千万别叫我！"

"莫娜，你来说一下！"

真是怕什么来什么，莫娜感觉血液都凝固了，她握紧了手里的笔，怎么也站不起来。

"莫娜，快一点，别耽误大家的时间！"

莫娜咽了口唾沫，慢慢地站了起来。

"哈，瞧她那样，肯定是没做出来。这么简单的题目都不会做，太傻了吧。"后排传来男生阴阳怪气的嘲讽声。

莫娜一句话也说不出来，她只能死死地盯着黑板上的题目，这时，她多么希望旁边有人能够帮她一下。她开始环顾四周，而周围的同学们却没有伸出援助之手，有的甚至对她指指点点。最后，老师一句话也没说，只是冷淡地示意她坐下。

虚脱了的莫娜根本不知道后面老师讲了些什么，她只知道，今天，她——作为一个文科是强项的女孩——自尊心受到了巨大的打击。

莫娜高中毕业后，顺利考入了大学，并且读的是自己喜欢的文学系。本以为原来高中曾经带给她的阴影已经散去，可是一切似乎向着更可怕的方向发展了……

周末的文学沙龙正在进行中，莫娜旁边的同学正在侃侃而谈，大家都被发言者精妙的见解所吸引。下一个就轮到莫娜了，不知为什么，她的手心不断地冒汗。她不停地翻着手中的发言稿，心也跳得越来越快。

"莫娜，到你了。"主持人在叫她。

"哦……是这样的……我的意思是……"莫娜一听到自己的名字，心中一紧，大脑里原来想好的东西也变模糊了。过了一会儿，她才结结巴巴地讲完一句话。其他人都略带惊讶地望着她，有人在低声地议论什么。莫娜似乎听见有谁说："她不是论文写得挺好吗？怎么连话都不会说了？"她脑中"嗡"的一声，再也讲不下去了，一切又回到了那个让她焦灼万分的数学课上。

自从这次发言失败后，莫娜彻底放弃了任何集体活动。班级里的各种活动她总是借故逃避，聚会、午餐会更是看不到她的身影，但越是这样，莫娜越是发现，自己只要一到人多的地方，就会感到胸闷、头晕。

在文学沙龙上发表意见本来是一件不具备伤害性的事情，但莫娜却对此产生了恐慌感，并由此引发了对一切社交活动的不合理的恐惧心理。实际上，文学沙龙的讨论与数学课不同，这是莫娜熟悉的领域，她也做好了足够的准备，那么这次的失败该怎么解释呢？莫娜的情况，就是典型的社交恐惧症的表现，本质上是一种过度焦虑。

莫娜的恐惧不是简单地用"笨"和"胆小"就可以解释的，她太希望得到众人的认可，结果期望越大，压力也越大。在别人看来也许只是一次很平常的活动，在莫娜眼中却有着极其重要的意义。

社交恐惧也是焦虑症的一种，是一种知觉上的反常现象，当事人往往将本来不具任何威胁性的正常社会交往，误认为具有可怕的意义。社交恐惧症主要表现是，在社交场合中几乎不可控制地出现焦虑情绪，并对社交性场景持久地、明显地害怕和回避。具体表现为患者害怕在人多的场合出现，一旦发现有人注意到自己，就会表情尴尬、发抖、脸红、出汗或行为笨拙、手足无措。因此，他们会尽量回避这些场合，不敢在餐馆与别人对坐吃饭，害怕与人近距离相处，尤其回避与别人谈话。

社交恐惧与内向不同，前者属于无法也不敢与外界接触，而内向的人只是不喜欢或不想与外界接触。心理学家认为，性格内向是很正常的情况，不需要刻意作出改变，性格内向的人只要找到适合自己的生活方式就可以了。社交恐惧症状的扩展和持续是由于症状的反复出现成为了焦虑情绪滋生和成长的土壤，而这种回避行为又进一步阻碍了症状的消退。

进一步分析来说，产生社交恐惧症最核心的原因是人在青春期时遭遇了某些挫折或不光彩的事，随着人的成长与成熟，自己的人生观与道德观不允许自己曾经发生过这些事件，并且不敢直视，由此产生强烈的自卑和逃避心理。

在莫娜的案例中，她对社会交往产生恐惧反应，根本原因就在于高中时经历了一次痛苦的数学课，又在大学里再次遭遇了另外一个对她具备伤害性的刺激（沙龙讨论的失败）。从性质上来说，"社交活动"是制约刺激，"讨论失败"是非制约刺激，两者同时出现，形成了制约反应。以后只要是一到社交场合，由于刺激代替作用，就会引起莫娜的失败感，由此她不得不尽量躲避类似的场合，对正常的社交活动表现出一种不合理的恐惧。

# 第 2 章

## 你为什么总焦虑?

每个人都会焦虑,所有人都可能被焦虑所环绕,只是程度不一样而已。引起焦虑的原因有很多,但其产生规律都是相似的——我们总是逼着自己去做不想做的事,并且毫无乐趣可言。

## "节奏太快,我跟不上了"——压力感

### 新时代的群体性压力感

小路是一名80后,名校本科毕业,在北京的一家IT公司工作,目前是一个软件开发团队的负责人。同许多80后一样,他也感到了来自时代的压力,并感到越来越焦虑不安,以至于即使工作得筋疲力尽,夜晚也无法入睡。

"我觉得自己处在一个压力最大的时期。IT业日新月异,稍有懈怠就有可能被同行远远甩在后面。而且我身处竞争最为激烈的城市,身边全都是行业精英,这让曾经还能称得上'学霸'的我感觉瞬间失去了优势。老实说,我和我妻子的收入比许多同龄人高很多,而且在北京也买了房,但我依然轻松不起来。高昂的房贷、刚上小学的孩子、年过花甲的4个老人,都是我要每天关心的。这就是大家所说的'上有老、下有小'吧。我曾经也有梦想,还想着自己带着团队另立门户,成为自主创业者,但这也只是奢望罢了。我小心翼翼,又惴惴不安;我有很多想法,却不敢尝试,不敢冒险;我总是在

理想与现实间进退两难,但内心又无法真正安于现状;每次看到同行自己创业,做得风生水起,我又为自己错过机会而悔恨不已……虽然我在别人眼里依然光鲜亮丽,甚至在同学聚会上也都是别人羡慕的对象,但我内心的苦楚又有谁知道呢?我每天都加班到很晚,一个礼拜至少3天都睡在公司,下班后还要为生活上的琐事操心。即使收入不错又怎样?这样的日子真的是我想要的吗?我感觉身负千钧重担,不知道如何抉择……"

小路所处的困境并不是他所独有的,可以说,相当一部分年轻人都有类似的困惑。对于小路而言,即使他比大多数80后在经济上更加富裕,但他所感受到的压力却一点也不比其他人小。他除了要带领他的开发团队日以继夜地工作,还要和大多数年轻人一样,为生活而奔波,来自四面八方的压力无处不在,他觉得自己无论怎样奔跑,都追不上时间,感觉自己正处于人生的瓶颈。

这是一种群体性压力感。近十年来,中国社会的变革和转型速度越来越快,身处其中的每个成员都能够切实地感受到这种翻天覆地的变化。在这个时代,不再有衣食无忧的"铁饭碗"。如同大浪淘沙一般,行业与行业、人与人之间的差异越来越大;大部分群体和个人的社会地位和经济地位都进行了重新洗牌;上至上市公司老板,下至小公司普通职员,每个人都仿佛被时代的步伐推着前进,以至于我们都免不了要不断地调整自己的生存节奏。在这种生存状态下,人们对未来产生了一种严重的不确定感,看不到清晰的前景,生活不踏实,内心自然会焦虑不安。

**自我压力管理:控制需求和能力的不平衡感**

虽然人们的处境是类似的,但具体到个人,却又有千般不同:并不是每个处于相同环境下的人,都会承受相同的压力。这跟人们心理的承压能力有关,有的人即使在高压环境下也能应对自如,平静地看待周边的各种变化,这是因为他们懂得进行自我压力管理。拿职场压力来说，在这个世界上，没有真正轻松的职业。虽然不同的职业有不同的环境和生存的方式，但每个人都是在不断的忙碌中度过每一天。既然我们不可能让世界停下发展的脚步，那么唯一可以做的，就是让自己的思想和行为与之同化，使得心理节奏和外界节奏达到同步。

在心理学上，压力是个体在察觉"需求"与"满足需求"的能力不平衡感。美国著名应激心理学家拉扎鲁斯认为，心理压力是个人的需求与实际资源不平衡所致，而压力应对则是个人试图控制这种不平衡感所做出的努力。适度的压力对于人类的进步有一定积极意义，因为压力会激发人前进的动机。按照"耶基思—多德森法则"，各种活动都存在动机的最佳水平。动机不足或动机过分强烈，都会使工作效率下降，并使个人心理失衡。换言之，当个人的行为动机处于一个最优值时，其工作效率是最高的，心理状况也是最适宜的；而当个人的动机低于或高于这个最优值时，其工作效率和心理状况都不能达到最佳表现。所以，适度的压力是身心健康的保障。在运动心理学上，这又被称为"倒U型理论"。

可以看出，压力对于个人来讲，并非都是坏事，人在最初面对生活挫折与困境时，首先体验到的是烦恼与焦虑，但如能积极化解，人所感到的就是力量与信心。任何压力都会使个人的应对能力得到提升。

**反弹压力，将压力化为动力**

既然压力是一种无可避免的应激反应，那么能否让这种应激反应发挥对人们有利的作用呢？心理学研究表明，人们可以培养一种压力反弹能力，化压力为动力。

由此，压力反弹是指个人面对生活逆境、创伤、悲剧、威胁及其他生活重大压力的良好适应能力，它能使压力与应对行为达到和谐统一，能够将不良刺激转化为良性应激反应，可以起到激发潜能、振奋情绪、增进健康的作用。

在这层意义上,"压弹"一词正如其字面意思所解,是"压"与"弹"的完美结合。用俗话讲,面对生活的挫折与逆境时,人既需要有耐挫折力,也需要有排挫折力。其中耐挫折力会使人勇于承受各种生活压力,不因一时的困境而丧失斗志,放弃对自我的信念;而排挫折力则使人善于化解各种生活压力,以化险为夷,转危为安。在这当中,"压"与"弹"互为促进。

就积极心理学而言,压弹也是一种积极评估能力。人面对困境时,可以有积极与消极的评估,积极的评估会着眼于未来,尽量淡化压力的负面情绪体验,并采取切实的行动来解决问题;而消极的评估则多纠缠于过去,过分关注已经感受到的压力,并很难将精力放到对具体问题的处理上。

健康心理学把压力应对分为三种:一是具体问题的应对,即通过采取具体措施来解决给人带来压力的相应问题;二是情绪的应对,即通过采取有效的情绪管理来舒缓压力给人带来的焦虑体验;三是思想意义的应对,既通过深入的哲学思考来梳理压力给人带来的精神困扰,达到一种稳定、积极的心理状态。

有效的压力管理没有绝对统一的模式和方法,但它们都遵循以上三个方面。比如,美国心理学家詹姆斯·彭尼贝克做过一个有趣的实验,他让受试者连续5天都花15—20分钟写出"一生中最痛苦的经历",或当时最让人心烦意乱的事情。受试者写出东西后可以自己保留,也可以自行销毁。这种自我表白的效果十分惊人,经过一段时间,受试者的免疫力增强了,心理压力也得到了缓解。

压力的确不那么讨喜,但它并非一无是处,关键在于你如何处理它、缓解它、利用它。

## 别人会怎么看？——认同危机

丽兹是一家物流公司的文员，她来到心理咨询室时，给咨询师埃米的印象是说话细声细语、动作缓慢。丽兹告诉埃米，她有个和自己同龄的表姐卡罗尔，正是她的存在让自己非常苦恼。从两人还是小孩的时候，双方家长对她们的比较就开始了。比如，谁先学会说话，谁先学会走路，谁比较乖巧，谁比较讨人喜欢，这些都是家长们津津乐道的内容。

上小学后，成绩更是成了大人们相互比较的重要话题。丽兹记得，小学三年级的期末考试，丽兹的几门功课都考得不错，2个A，3个B+，父母很高兴，表扬了她几句。后来，表姐的到来打破了这一切，她考了4个A，1个B+。一时间，所有人的注意力都被卡罗尔的成绩吸引过去了，他们纷纷夸奖卡罗尔，还送了礼物给她，丽兹就被完全忽略了。小小的她第一次深刻体会到了一种落差感。

然而，两人的比较并没有随着长大而消失。工作后，父母们开始称赞卡罗尔工作出色，薪酬不菲，为人处世游刃有余；丽兹在大家眼里则变得中规中矩，和人相处也不懂得变通。令丽兹感到痛苦的是，她自己也不自觉地与表姐进行着比较。就连穿件新衣服，她都会想，卡罗尔穿起来可能比她更有气质。丽兹悲哀地发现，越和卡罗尔比较，自己就越没法找回自信。

卡罗尔已经升职为部门经理，还有了一个英俊帅气的男朋友，她的成功让丽兹的父母艳羡不已，同时也让他们对自己的女儿感到非常失望。他们的态度总是让丽兹十分羞愧，她微薄的收入、独来独往的生活状态让父母觉得抬不起头来。渐渐地，她不再愿意参加两家的家庭聚会，对在家里谈论自己的工作和感情很排斥。父母只要一提到卡罗尔，丽兹就感到万箭锥心，只想躲到自己的房间里去。她觉得自己在这个家庭里已经毫无价值了，觉得自己什么都做不好，甚至连出门的勇气都快没有了。

丽兹的表述，让埃米意识到她已经出现了较为严重的低自尊感，而且这种心理已经严重地影响了她正常的工作和生活。低自尊感是人在面对困难情景时，由无力感和无助感所交织成的一种无法达成的对自己的失望心态。有一些人，因为"自我认同感"差，所以非常依赖外界的肯定，这就是我们所说的认同危机。

**自我认同感缺失：为别人的评价而活**

从心理学的角度说，个体在衡量社会性事务时，往往会选择一个考虑问题的视野或角度，这被称为参考构架，我们正是透过这个参考构架来进行社会比较，而社会比较所选择的对象在很大程度上决定了我们所产生的心理感受。如果比较的对象群体是个体生存环境中无法克服的异己的并且是优越的群体，那个体的自尊与自信便受到挫伤。事实上，一个平衡的心态也有利于对自己的处境的客观的分析与评价：承认和欣赏自己所具有的，心平气和地看待自己所没有的。

心理学研究表明，自尊的形成依赖于三种途径：①自我评估；②他人的评估；③社会比较。在一个人成长的过程中，他人的评估和社会比较会直接影响到自我评估，尤其是低自尊者，他们对自我的认识几乎完全建立在别人的看法上。低自尊的人，自我认同感差，总是依赖、寻求别人的认同，如果别人不认同，就觉得自己没有价值。在低自尊者看来，命运不是掌握在自己的手中的，因此他们总感到前途莫测，失败总是多于成功，因此引发焦虑、恐惧、不安等情绪，有的则会因此患上心理疾病。

上面的案例中，丽兹从小生活的环境充满了比较，她已经非常惧怕人与人之间的相互比较。因此，一旦遇到矛盾或冲突，她希望用一种回避或退缩的方式去处理。也因为从小大人们的习惯性对比，所以导致了后来丽兹遇事总是先入为主地认为卡罗尔比自己好，而对自己的优点视而不见。

我们不仅要学会勇于发现自身的问题，同样要学会敢于坚持做自己。一味地委曲求全和逃避是无法解决内心因对比带来的冲突的，只有妥善处理了自己与外界的冲突，才能维护个体尊严与自我内在心灵的平衡。

根据丽兹的情况，埃米除了对她进行心理指导外，还教给她一些积极的疗愈方法。

出门前对着镜子面带微笑地整理仪容，并对自己说："我是最棒的。"

◇ 多想想自己的优点。一个人不可能毫无优点，告诉自己卡罗尔也并非完人，自己不必因为一些小缺憾而感到担惊受怕。

◇ 表达自己的观点。很多时候，人们会因为你的沉默寡言而认为你默许他们的观点，因此要大胆表达出自己的看法，明确说出自己的喜欢和不喜欢。只要增加与外界的沟通，一定能逐步改变别人对你的看法。

◇ 保持一颗宽容之心。认真倾听别人的话，对别人和自己都是一种尊重，自尊的外在表现之一就是教养。当你对别人表现出了足够的宽容和理解，自然也能赢得他人的信任和尊重。

◇ 和卡罗尔做朋友：从内心改变对卡罗尔的看法，不要只通过家长的评论来认识她。走近她、了解她，丽兹会发现，他人的评论也会对卡罗尔产生一定的影响，她可能正在羡慕自己呢。

## 无法做自己——身份焦虑

夜深，人静。

斯宾塞太太躺在床上，却毫无睡意，因为她正兴奋地盘算着那意外得到的200美元该怎么用。这笔钱对于她来说不是一笔小数目，她必须有一个合理的计划。可惜，她没有人可以商量，因为她的丈夫去年去世了，她一个人带着两个孩子。

贝拉和马克都该买新衣服了，还有袜子，她曾经在橱窗里看到过一些不错的款式。家里的窗帘、床单都该换换了，自从丈夫去世以后，她一直没有心思好好打理一下家里。对了，还要买些奶酪和牛肉，孩子们正是长身体的时候，得补充营养。

斯宾塞太太满脑子都是孩子和家里，她根本没有时间怀念过去的日子，也无任何念头好好拾掇拾掇自己。尽管，她还不到30岁，但已经被无情的生活折磨得虚弱而疲惫。曾经养尊处优的生活已经不复存在了，她也成了习惯于货比三家，在人群中推搡着，嚷嚷着，就为买到一件打折商品的女人。更重要的是，她还是一个寡妇。

第二天，她起了个大早。忙着收拾好孩子们后，时间已经不早了。她随便吃了点三明治，就赶紧出门了。不过，她没有忘记采摘一朵鲜花插进瓶里放在窗台上，因为今天，是她30岁生日。

她匆匆忙忙来到店铺里，在衬衫柜台和袜子柜台前来回穿梭。她在搜寻合适料子的过程中，触摸到了凉凉的、滑滑的东西，原来是丝袜，而且是正在打折的丝袜。她双手捧起了厚厚的一沓长丝袜，享受着它们在手中滑行的舒适感。一丝兴奋的红晕突然出现在她苍白的脸颊上，她抬头问售货小姐："请问，有黑色的吗？"她把打包好的丝袜郑重地放进了购物袋中，感觉脚步也轻快了许多。

她特意走到了女士服装区，随便拿了一件衣服走进试衣间，她换上了刚买的长袜。就这几分钟的功夫，她感觉自己整个人也如同那双脱去长棉袜的脚一般，得到了暂时的解放。她长长地舒出了一口气，像是要把长久压抑在胸中的郁气都吐出来一样。

她穿着丝袜，走出了试衣间。她不由自主地走向了鞋帽区，那一双双尖头皮鞋，与她穿着长丝袜的纤细双脚，是多么的相称。她告诉售货员，她要那双时髦的豹纹皮鞋。

购物总是让时间过得飞快，眨眼间用餐时间到了。她先是在一旁的报刊亭里买了一本装帧精美的高档杂志，然后信步走进了一家餐馆。过去，她总是匆匆路过这家铺有格子台布、装修典雅的餐厅，现在，她轻轻地对侍者说："一位，谢谢！"

侍者把她引到单人桌边，她发现旁人并没有如她过去想的那样，流露出惊讶的神色。服务员托着菜单请她点菜，她怀着忐忑的心情，故作镇静地点了焗蜗牛，一份香煎鳕鱼，一小份甜品和一杯白葡萄酒。等菜的过程中，身边时不时传来细碎的谈话声，周围的一切都那么静谧而井然。她拿起刚刚买的杂志，随意翻开，她不记得自己已经有多久没有好好吃过一顿饭了。工作、孩子、生活，压得她喘不过气来，"寡妇"这个头衔也让她羞于走到大庭广众中去。正胡思乱想着，菜上来了，她慢慢地品尝着美食，时不时读一段文字。结账时，她数够钱交给服务员，并在他的托盘上留下一枚硬币。他向她鞠躬，似乎把她当成一个具有高贵血统的公主。

吃过了午餐，斯宾塞太太继续逛街，买了孩子和家里所有的必需品。接着，她被商场里的海报所吸引，走进了剧场。她曾经来这里看过戏，当时是丈夫陪她来的。现在，她一个人坐在光鲜亮丽的太太们中间，但似乎只有她一个人是为了看戏剧表演而来。她看得是那样投入，一会儿笑，一会儿哭。

戏散场了，临近黄昏，孩子们要回来了。她一个人拎着大包小包走在回家的路上，夕阳把她的身影拉得很长很长。今天的一切仿佛是一场梦，现在，梦醒了，她又要回归生活中。但是，她很满足了。如果不是这200美元，她可能永远没有机会重新做一回自己。

20世纪以来，心理学得到了长足的发展，其中十分重要的方面是使我们认清了人们是如何受到原生家庭的影响。弗洛伊德时代以来，虽然心理学家累积了许多有关无意识及人格的理论知识，但在心理治疗上却并不十分重视对"本体"的认识，这就导致许多脱离本体的意识和行为没有被认清，最明显的现象就是，人们和自己的情绪、情感已经失去了联结。

从心理治疗的角度来看，如果心理学工作者忽略了"本体存在"的事实，不能从根本上看清人们痛苦的来源，就无法彻底接触痛苦。痛苦最根本的原因并不是情绪上的冲突，而是认知上的局限和障碍。换句话说，我们之所以会有情绪上的冲突，是因为我们对自己的本体一无所知。

另外，人类社会越来越倾向于一种"身份社会"，我们太关注与外界的交流和接触，这就导致了我们和自我的疏离。因为我们不知道自己是谁，不认识自己的本质，不了解自我的价值，无法自在地做自己，所以才会有情绪上的苦恼。这种自我疏离的现象会带给我们无限的空虚和痛苦，久而久之，就会造成身体上、心理上、精神上的困扰和障碍。

应该清楚的是，我们自己才是所有情绪和感觉的源头，无论身处什么环境，自我的价值都不会消失。就像斯宾塞太太，长久的压抑让她感到痛苦、疲惫甚至麻木，但她通过在生日这天的"自我回归"，不再顾虑自己"寡妇"的身份，不再回避那些自己曾经不敢去的场所，她找到了自己的价值。对她来说，这一天，她就是全世界。

## 绝不能做loser——失败恐惧

一个年轻人失恋后十分消沉，觉得自己太失败了，感到十分绝望，甚至想自杀一了百了。自杀前，他给自己最好的朋友打了个电话，向朋友道别。

朋友所在的这座城市正在发生水灾，听了这通电话十分着急，连忙劝他千万想开点，别干傻事，可年轻人已经铁了心。朋友不再劝他，反而问他："那你打算怎么个死法呢？"年轻人说："我打算吃安眠药。"朋友说："这是懦夫才会选择的死法！你既然要死，行啊，我也拦不住你，但是我有个建议，你与其服安眠药自杀，不如到这里来抗洪救灾，你可以累死、渴死、饿死在抗洪大堤上，这样不是比服安眠药去死更有价值吗？"

年轻人听从了朋友的建议，来到了朋友所在的城市。面对汹涌的洪水，两人一起加入了与洪水斗争的行列。年轻人只求早点累死，扛麻包扛得最重，跑得也最快；连着干了五六个小时，期间不吃也不喝。他累得浑身散了架似的，可他还是不管不顾地坚持着……终于，眼前一黑，他晕倒在了大堤上。

等年轻人再次睁开眼睛，发现自己躺在医院的病床上，床边摆放着鲜花。"原来我还活着啊……"年轻人喃喃自语道。朋友和医生一起进来看他，都说他是抗洪的英雄。他羞愧地说："我不是什么英雄，我是懦夫，失恋了想自杀，是朋友建议……"他把经过说完了，却没有人相信他的话，护士还笑着说："你可真幽默。"大家都笑了，朋友也笑了。之后，年轻人当然没有再想去自杀，他由懦夫变成了英雄。

每个人都会犯错，每个人也都会经历失败，但这些在我们的人生中都只不过是一个瞬间的记录，就像一张照片，这张照片展示的只是你生命中的一个瞬间，过去和未来都不被包括在内。但如果你因此就把自己看成一个毫无用处的人，或者觉得自己是个失败者，毫无疑问，你会觉得沮丧。而当你头脑中全是这样的消极想法时，就会有更多负面情绪随之而来，将你压得喘不过气来。

此外，人在遭受挫折之后，挫折造成的对人心理上的压力，会使人产生紧张、焦虑、不愉快的情绪体验，并导致心理和生理活动的不平衡状态，影响人的正常行为和活动能力。为了对付这种压力，减轻或摆脱焦虑情绪的困扰，解除紧张状态所带来的不安，恢复心理和生理活动的平衡，受挫者就会自觉或是不自觉地寻找和使用一些策略和方法，应付或适应所面临的挫折情境，以减少挫折和焦虑情绪对自己的损害，减轻心理所承受的压力，保护自我。主体为了减轻挫折造成的心理压力，有意或无意中运用的种种心理防卫方式，就称之为挫折的心理防卫机制，也称挫折防卫机制。

**酸葡萄作用：得不到的就是坏的**

在《伊索寓言》中，有一只狐狸看到一串串甜熟的葡萄，馋涎欲滴，但因葡萄架过高，三跃而不可得，为了维护自己的面子，它就对旁边的动物说："这葡萄是酸的，我才不想吃它呢。"

酸葡萄作用，即是指个体在追求某一目标而失败时，为了冲淡自己内心的不安，常将目标贬低，说不值得追求，以此安慰自己。例如，曼恩很想谈恋爱，但是因为无法摆脱内心的阴影，外加个人条件的限制，就说："我最喜欢独处，不想谈爱情。"此种心态，反映的就是：吃不着的葡萄就是酸的，得不到的东西就是坏的，达不到目标便说是不喜欢达到或本来就没想达到，等等，诸如此类，均称为酸葡萄作用。其特点是为了掩饰自己的无能，而否定原先设定的目标。

**甜柠檬作用：蒙蔽自我，是一种过度保护心理**

《伊索寓言》中还有一个故事：有只狐狸原想找些可口的食物但遍觅不着，只找到一只酸柠檬，这实在是一件不得已而为之的事，但它却说："这柠檬是甜的，正是我想吃的。"

这种不说自己原先想得到而得不到的是什么东西，有什么好处，却百般强调自己已得到的东西的好处，借此减轻内心失望与痛苦的心理，就被称为甜柠檬作用。甜柠檬作用的特点，是淡化原先预定的目标与结果，夸大既得利益的好处，缩小或否定它的不足之处，以减轻达不到预定目标时的失望情绪。

**挫折耐受力低下的表现**

有些人遭遇了挫折，便会将自己所面临的困境归因于自身以外的环境因素、他人的阻碍、家庭背景及经济问题等。他们有求助和交流的愿望，但无论别人如何的开解，他们还是可以寻找到新的外因。他们始终不曾有决心面对自身的问题，并对当下自己的情绪或行为负责。外在的原因或许减轻了他们目前的压力，但却不利于整个事态的改变。

挫折耐受力低下的人，往往会用自身行为去掩盖内在心理冲突，通常会表现出以下几种行为。

（1）自设障碍的行为：当人们面临着巨大的失败的可能性时，往往会做一些使失败更可能出现的事，以便把失败的责任推卸掉，而自设障碍的行为有利于当事人保持负责任和有能力的自我形象。

（2）习惯性无助：当人们总是面临一些自身完全无法控制和改变的事件的困扰，他们最终会放弃改变这种情境的尝试，并力图从现实和幻想中逃离这一情境；当一个人将失败的原因归为外部不可控制的因素时，这种无助感就更为膨胀，而且迁移到生活的方方面面。

（3）心理抗拒：当人的自由行动受到威胁时会激发心理抗拒的动机。抗拒的表现形式因所面临的环境不同而有许多不同的表现。当一种行为被禁止或面临威胁时，我们会觉得那种行为更有价值，并对做那件事表现出更大的兴趣。当人们感觉到被强迫改变自己的观点或态度时，往往会采取完全相反的看法来维护自己的自由。

如果人们只是单纯地对自己的行为作出评价，也就是把自己的行为划分为好的或者不好的，那人们几乎不会有任何情绪上的困扰。之所以很多人会受到负面情绪的影响，就是因为他们将对自己行为的不良评价延伸到对自己个人价值的评判上。当他们认为一个犯了一次错误的人是一个彻头彻尾的失败者的话，那么就会引起情绪上的问题，如绝望、抑郁、悲观等情绪就会随之而来，所以我们一定要停止这样思考问题。

设想你家有一片田地，你在地里种各色蔬菜，有茄子、黄瓜、丝瓜、辣椒、豇豆、扁豆。不同的蔬菜有不同的种植要求，你也并不是样样精通，有的种了一回再不用管它，割了一茬没几天就可以长出来；有的却要仔细伺候，不然不容易养活。到了秋天收获的时候，菜园子满满当当地结了各种果实，你发现有的菜长得很好，结的也多，有的菜却长蔫了，没啥收成。可是，不管怎样，看到那些果实结得热闹的蔬菜，你的心里还是很开心的。至于那些没长好的、腐烂了的，你会因为它们而将整片田地都毁了吗？想来是不会的吧。你会做的，应该就是重新评估这一年来菜园子种植的情况，哪些容易种，哪些不易种，第二年你就会有针对性地注意这些问题，从而提高产量。

失败不可怕，失败之后产生消极情绪也很正常。当脑中的出现各种扭曲的观念时，我们要做的就是进行自觉的质疑和辩论，告诉自己：失败只是提醒我，下次要做得更好！

## 一定要展现最好的一面——完美主义

遇到事情就火急火燎地下定论，以"非黑即白"作为事物的判断法则。

努力把每件事情做好，但总会觉得如果再努力一点结果就会更好，对当前的结果永远不满意。

明明已经为别人付出很多了，但还是会觉得做得不够，甚至心存愧疚。

"今天来不及洗头发了，顶着两天没洗的头发去见客户实在有损形象。"

"中午吃饭不小心把酱汁弄到袖口上了，下午上班同事们会怎么看我呢？"

"糟糕，口红忘带了！晚宴结束之后没法补妆怎么办？带着残妆怎么见人啊？"

……

再这样举例下去，一定会有更多的人要对号入座了。在都市社会，这些"洋气"的"时尚病"可是见怪不怪了。所以就此打住，我们一起来看下有这些"时尚病"想法的人到底是怎么了。

我们不能定义这些现象到底是好还是不好，但毫无疑问，能这么想的人，绝对是一个追求完美的人。

我们再来看看下面场景。

**场景1：**

一位男士从年轻的时候，就刻意追求完美的女性来做婚姻伴侣，寻寻觅觅多年，直到六十多岁了，仍然是毫无所获。

有位好友问他："经过这么多年，你跑遍世界各地，总该见到不错的人了吧？"

这位男士回答道："对！我曾经遇到一位完美的女士。"

朋友听了，兴奋地追问："那你向她求婚了没有？"

"我是向她求婚了，但是她拒绝了我，因为她也在寻找完美的另一半。"

**场景2：**

他大学毕业了，发誓要找到真正称心如意的工作，要有足够好的薪酬待遇，足够多的假期，不能经常加班，工作环境要舒适，公司离家一定要近，领导和同事都要和睦、友善……他按照这些要求，找了一家又一家。结果面试频频失败，好不容易找到勉强合适的，做了两三个月，就感觉不如意，立刻辞职。几年下来，他犹豫了：究竟是要继续寻找符合自己理想的工作，还是要和现实妥协？

**场景3：**

一个月来，索罗一直忙得不亦乐乎。今年圣诞节是他经营的餐馆五周年的纪念日，所以他既要照应生意，又要策划周年日的聚会活动。寄请帖、购置礼品、确定宴席的菜单、食材的预订、宴席的布置、联系媒体……一切事情都要力求完美无缺，给人留下深刻的印象。还有不到两周的时间，必须赶在聚会前完成。

圣诞节前一天，索罗正忙乱着，助手西蒙问他："索罗，明天似乎没有安排胡里奥先生和他太太的位子。"索罗顿时感到心脏都停摆了："哦，我的上帝啊！我不是让你们反复核对邀请人员名单了吗？怎么还是出错了？"西蒙很憋屈，但他知道，这时候说什么都是火上浇油。忘了请当地商会的重要人物，这可不是什么好消息。

索罗完全放下了手头的事情，来来回回在房间里踱步，口中喃喃自语道："天哪，看看我身边都是些什么人啊，连这点小事都办不好！竟然漏了这么重要的人物，一切全完了！"

"索罗，亲爱的，你不认为你的反应有点过头了吗？"索罗的太太莉亚看不下去了，她赶紧走过来打圆场。

这天晚上，索罗一直提心吊胆，他怕胡里奥先生会打电话过来质问他。他该怎么说呢？说自己的助手是一个没头脑的蠢货，竟忘了邀请一个每年为他介绍大量顾客的老主顾？他的脑袋里闪过十几种不同的借口，但最后，他觉得没有一个借口是最合适的，他整晚都没有睡着。

挣扎、冲突、矛盾……所有让你处于两难、对立、不知如何取舍的状况，看起来好像都是外在的因素，是别人的问题，比如上面的案例中，没有合适的伴侣，好工作难求，助手考虑不周。其实，这些都是我们的完美主义倾向惹的祸。

所谓完美主义者，就是指你希望所有的事情都要达到你预期的结果，你必须保证你的聚会完美无缺（如果不是，你就会睡不着觉）；你的工作必须完全符合你的心意；你的伴侣必须是最好的那一个，等等。做一个完美主义者的坏处就是，你会经常痛苦，因为这个世界上多数事情都不会轻易对你俯首听命，它们不会事事顺着你。

你可能因为很多事情生气，你可能因为开车时太拥堵而生气，可能因为家里的摆设没能符合你的审美而生气。你请的保姆可能让你非常不舒服，仅仅是因为她擦桌子的方式与你不同，你觉得她姿势看起来老土又笨拙。当然，你完全可以不断更换保姆，但这只能暂时解决问题，因为下一个保姆未必能够完全达到你的要求。试图以改变外在的世界来追求完美是徒劳无功的，永远会有你意想不到的事情出现，把毫无准备的你激怒。你非常脆弱，很容易被激怒，因为你希望所有的事情都顺着你。

你的痛苦，来自于你的过分执着于创造完美的世界。心理学研究证明，完美主义者与他们可能获得成功的机会恰恰成反比。开始的时候，他们担心失败、辗转不安，这让他们无法全力以赴去做事情；遭到失败之后，他们就异常焦虑、沮丧和压抑，想尽快从失败的境遇中逃避开去，却没有冷静下来，在失败中总结教训，他们考虑的只是如何避免尴尬，避免形象受损。完美主义者背负着如此沉重的精神包袱，不仅很难获得事业上的成功，还会引起家庭生活、人际交往方面的矛盾。

事实上，你之所以觉得世界不完美，是因为你有各种不切实际的期待。如果你能够不再过于坚持自己的执念，你会变得非常强大、自由，没有任何事情可以激怒你和让你失望、无助。

试着去做那些在你看来"不重要"和"不必须"的事情吧，这些事情往往能给你带来真正的快乐。比如跟朋友见面或者外出游玩，而过去你可能会选择更加"重要"和"必须"的责任和义务，当然还包括满足家庭、朋友、同事和老板的所有需求。你曾经的所有行为都带有严肃而苛刻的目的，你当然会深陷其中，深感压力，失去掌控自我的能力。

## "我总觉得自己很差劲"——自我贬低

30岁的米拉是银行的一名普通员工,她的父母从小把她捧在手心里,几乎包办了她的人生:从小学开始,父亲就每天开车送她上学;功课不会做,母亲就模仿她的字迹来代劳;读大学后,父母又专门在学校旁边买了一套房子……

大学毕业后,在父亲的安排下,她进了一家知名银行上班。同事和领导对她的印象是:文静、听话,从来不会拒绝任何要求,但缺乏自己的主见,对他人有一种习惯性的依赖。

过了几年,米拉相亲认识了乔治。乔治和米拉的父亲一样精明强干,两人在认识半年后结了婚。

婚后,米拉开始将自己依赖的对象由父母转向乔治。就在米拉越来越习惯婚姻生活时,她发现了乔治的异样——他开始经常借口加班而彻夜不归。米拉的好朋友偷偷告诉她:乔治和一个秘书玛利亚关系暧昧,让米拉提高警惕。米拉果然发现了一些蛛丝马迹:比如乔治手机里与玛利亚的亲密短信,他甚至会在深夜通过电脑与玛利亚视频聊天。米拉感到了恐慌,但她不知道该怎么办。她没有揭穿这一切,只是默默忍受着被冷落的痛苦。过了几个月,喜新厌旧的玛利亚又勾搭上了别人,乔治这才又重新回归家庭,米拉也暗自庆幸,她的婚姻得救了。

可惜好景不长,乔治又有了外遇,这次是与他的高中同学。但这一次,米拉始终看不到丈夫回心转意的希望,她担心丈夫会因为这个第三者向自己提出离婚的要求。她整夜整夜都睡不着觉,总是为自己的未来担惊受怕。慢慢地,她的精神压力越来越大,情绪也越来越不稳定。终于,她的异样引起了父母的注意,父母在震惊之余要求她立即去看心理医生。

心理咨询师琳达鼓励米拉讲出现在的感受，米拉回答说："我太差劲了，什么都做不好，所以现在连丈夫的心都留不住。"琳达语气温和地说："这么说，你认为你丈夫出轨是你的错吗？"米拉痛苦地说："当然，如果我能像玛利亚她们一样美丽、能干，乔治就不会爱上她们了。"琳达看着米拉虽然憔悴但依旧动人的脸庞，心里明白，乔治的出轨与米拉的容貌并没有什么关系。

琳达又问："你现在内心深处的担忧是什么？"米拉想了想，说："我担心乔治向我提出离婚，只要他不提出离婚，我打算就这样过下去。可是如果他提出了，我们就不得不打破现在平静的生活，我也不能不面对离婚的问题。我们的孩子还那么小，怎么能离婚呢？"

琳达问："如果他确实不提出离婚呢？"米拉脸上露出了庆幸的表情："那自然是最好的，他可以继续和同学约会，我也继续在家里等他。我相信他总有回到我身边的那一天，就算没有，我也能忍受下去。"

米拉说完了这些话，又沉默了下去，琳达知道这并不是她的真心话，所以并没有开口。果然，米拉又语气低落地说："可是，这种日子太熬人了，有时候我也会想，干脆和他离婚得了。"她抬起发红的眼睛，幽怨地看着琳达。琳达不为所动地说："那你打算什么时候离婚？"米拉露出了惊讶而慌张的表情："离婚？不，我还没有想好。"

"那你就没有想过离婚后谁来抚养孩子？如何处理你们的财产？"

这样的问题更是让米拉惊慌失措，琳达笑了，她说："其实，你根本就没有离婚的打算，你宁愿忍受他有外遇，也不愿意和他离婚。"

琳达一针见血地指出了米拉深埋在心里的想法，她哭着回答说："是的，因为我是那么爱他……"

很多时候，人们拒绝去面对亲人或者朋友的伤害时，总是以爱为借口。其实，这只不过是夸大了感情的作用力，实际上，米拉的恐惧心理使她不敢面对失去乔治的生活。要想真正解决米拉的问题，就必须让米拉认识这一点，并且改变自己的思维方式。

"依赖"这个词，可以说贯穿了米拉30年的人生道路。她在家里依赖父母，在单位依赖同事，结婚后又依赖丈夫。她甚至还在依赖丈夫对他们的婚姻作出判断："离婚"还是"不离婚"。由于习惯了依赖，她从来没有意识到自己也可以是生活的主人，她只是一味地将自己看得微不足道，她不知道离开丈夫后，自己该如何生活，自己的未来该何去何从。

我们每个人都会有不同程度的自我贬低心理，只是程度的轻重不同。心理学对自我贬低的定义是：当一个人面对一个他无法对付的问题时，他表示他绝对无法解决这个问题，这时出现的就是自卑和无助。当自我贬低心理发作时，我们的思维就会开启"抑制自尊"模式，脑海中就会出现一系列贬低自己的想法，使我们在困难面前表现出犹疑、彷徨，甚至是退却的举动。

陷入自我贬低模式的人会有哪些想法呢？

1. "大家肯定都在笑话我"——这类人容易过度胆怯、怕羞，不敢接触陌生人，这与他们内心深处强烈的贬低心理有关。

2. "没有人愿意与我相处"——这种想法的行为表现就是独来独往。一般来说，正常人都喜欢与同龄人交往，并十分看重友谊。但是被这种缺乏自我认同侵扰的人，对交结朋友兴趣索然，往往喜欢离群索居。

3. "他们刚刚是在说我的坏话吧"——自我贬低者对家人、朋友、伙伴、同事对自己的评论十分敏感，尤其当自己不在讨论人群中时，甚至会无中生有地怀疑别人讨厌自己，并且表现出愤愤不平。

4. "我总是没法好好地表达自己的意思"——据统计，八成以上有贬低心理的人语言表达能力较差。他们会表现出口吃、表述不连贯、表达时缺乏情感，或词汇贫乏，等等。专家们认为，这是因为强烈的贬低心理阻碍了大脑中负责语言学习系统的正常工作。

# 第 3 章

## 斩断焦虑思维,打破自我折磨的死循环

很多人在面对困境时,都会耸耸肩,接受事实,然后积极地寻找解决办法;有的人则会被动地适应现状,不断地被沮丧和痛苦所折磨,产生习惯性焦虑。理性情绪疗法的创始人阿尔伯特·埃利斯认为:"情绪直接来自于我们自己的想法、观念、态度和信念。"不同的思维方式和行为习惯能够导致完全不同的生活状态。

生活本身不会产生焦虑,焦虑是你自己想出来的。

## 当"我想要"遇上"我应该"

格瑞斯是纽约大学的一名大三学生,她有一张清秀的脸庞,留着一头乌黑亮丽的头发。但令人奇怪的是,这样一个美丽端庄的少女,却让人很难一下子就留意到她,因为她总是独来独往,在人群中也显得十分沉默、退缩。上课发言的时候,她会显得特别紧张,双手微微颤抖,话也说不连贯,让听的人总是揪着心。

教授心理学课程的老师注意到了她不同常人的紧张和焦虑情绪,于是邀请格瑞斯一起享用下午茶。老师发现,格瑞斯有着非常要强的心态,她来自一个偏僻的农场,从小父母都对她十分严格,因为家里把全部希望都寄托在她的身上。如果她与农场里的那些父母口中的"野孩子"一起玩,那么等待她的将是严酷的惩罚。久而久之,她也习惯了按照父母的要求去生活。

然而,井然有序的生活在她考上大学后发生了改变,尤其是最近两个月,她陷入痛苦的失眠中无法自拔。在之后的几次谈心中,老师了解到格瑞斯在一次郊游时认识了一个来自波士顿的工程师,他们聊得很开心,彼此的印象都很不错,据格瑞斯后来所说:"我当时肯定昏了头了!"她留下了自己

## 第3章 斩断焦虑思维，打破自我折磨的死循环

的姓名和联系方式，后来也都是她主动联系对方。当男孩表示，希望能使他们的关系确定为男女朋友时，格瑞斯才如梦初醒一般，冲动地拒绝了男孩。

接下来的日子里，格瑞斯觉得自己每天都喘不过气来，焦虑、后悔、无助充斥着她的大脑。一方面，她觉得自己应该把握住这个生命中第一次出现的好男孩，可是，另一方面她又觉得应该按照父母叮嘱自己的那样，千万不能在读书时谈恋爱。

格瑞斯说："一开始，我也会向同学诉苦，寻求帮助。可是我很快又觉得自己打扰了周围人的生活，觉得很过意不去。"就这样，曾经优秀、好强的格瑞斯不见了，她每天要花很多时间分析自己做得对还是不对。她不想再参加任何一次考试，她对读书感到厌倦。

心理老师发现，格瑞斯经常提到自己的父亲，看得出父亲对她的影响很大。她经常被告知，自己要懂得回报，因为家里省吃俭用就是为了让她出人头地。她告诉自己必须成绩优秀，在大学不交男朋友，不做任何令父亲不高兴和丢脸的事，否则她就失去了人生的价值。所以，当许许多多超越了父亲规定的事情发生之后，她内在的认知与外界的知觉不再平衡，焦虑也接踵而来。伴随着不断的焦虑，她日渐丧失了对自己行为和思想的有效控制，对担忧本身充满了担忧，陷入恶性循环。

格瑞斯的遭遇并不是个案，许多人的坏情绪都是被自己"逼"出来的。这类人大多都有这样一种观念：人生的价值在于使别人满意。这样的观念必然会与他们内在实际的生长、发展愿望发生冲突。就像格瑞斯那样，在从小形成的严厉管束中，她不知道怎样去解决自己的想法与父亲的寄望之间的冲突。因此，她只能通过不断压抑、伤害自己换取内心的平衡。

**理性抉择是如何战胜真实意愿的**

让我们把视线转向哈佛大学。普鸣教授的《古典中国道德和政治理论》

再一次人满为患,尽管课堂已经被转移到了哈佛最大的教室——桑德斯剧院。这门课是哈佛第三大受欢迎课程,而普鸣教授更是大胆承诺:"本课会改变你的人生。"这门课的主旨其实很简单——教会学生们如何更好地生活。普鸣发现,越来越多的学生"认为自己被迫走上通往某种职业的道路",他观察到,学生们大多在根据自己的职业目标来规划选课和参与课外活动。

"太过理性可能会让你走上错误的道路",这是普鸣教授的肺腑之言。当一个人对自己的人生规划过于精细,那么那些平常生活中真正能激励和启发自己的事物就不再被人们注意,而这些事物往往才是获得真正美满且充实的生活的源泉。普鸣教授希望自己开设的这门课,可以让学生们意识到生活的多种可能性。

自我封闭往往是因为我们囿于所谓的"理性抉择",这种理性意味着压抑、逼迫、不自由。我们真正应该追求的,是能自然而然地做出正确的反应和决定,将内心的本能直觉("我想要")和头脑的理性思考("我应该")有机结合。最近的神经科学研究也证实了这一点:脑部扫描显示,真正让我们作出决策的,不是我们的理性逻辑分析,而是我们对身边情绪和情况的直觉感知。耶鲁大学心理学教授拉夫朗斯发现,仅在4毫秒的时间内看一张笑脸,就足以让我们有个微小的情绪高潮。

理清情感与思维之间的关系,是进行心理疗愈前必须了解的问题。当人们听到一段悦耳的音乐而感到舒畅,看到一段残酷可怕的电视故事而恐惧时,我们就知道这是强烈的情绪与情感反应;当人们思索如何尽快做完领导交代的工作,或考虑家里应不应该养一只狗时,我们就会说人们正在思考。通常思维与情感是同时并行发生的,可是一般人往往只习惯于描述自己的情感,是喜或悲,是生气或不高兴,是恨或爱等,却忽略了思维过程。而事实上,人们的心理与行为,主要是被某种观念或思维所操纵。可以这样说,我们的情绪并不仅仅受到负面事件本身的影响,而更大程度决定于我们如何去思考它及以我们的思维方式是怎样的。如果我们能够将理性思维合理运用于情绪控制中，将会十分有助于驱逐焦虑情绪。

## 这世上没有绝对的坏事

弥尔顿这位失明的诗人在300年前就曾发现了这样的真理：

心灵，这自创的殿堂，
它可成为独造的天堂，
也可成为孤单的地狱。

海伦·凯勒与拿破仑就是这个道理的正反面范例。集荣耀、富贵、权力于一身的拿破仑曾遗憾地表示："在我的一生中，根本没有六天快乐的日子。"然而盲、聋、哑的海伦·凯勒却说："人生是多么美妙啊！"

爱默生的短文《自信》的结尾很精彩："一次胜利的政治活动，地产利益丰厚，你病体痊愈，久未谋面的朋友重逢，或任何其他使你兴奋非常的事物，都可以使你轻易地想到好日子就在前面。不要被表象迷惑，世事并非如此，除了你自己，没有别人能带给你心灵的安宁。"

斯多葛学派大师爱比克泰德曾经警告世人：摆脱错误的心理观念，比割除身体里的毒瘤更重要。两千多年前爱比克泰德说了这句话，不过现代医学还是支持他的观点。罗宾逊医生声明，住进霍普金森医院的病人中有五分之四受到情绪及各种压力的困扰，功能失调之类的疾病更是受到严重的精神因素的影响。

当你面对困扰，焦躁不安或神经紧绷时，你可以试着改变自己的心态。威廉·詹姆斯是实用心理学的宗师，他经过观察曾这样评述："行动似乎随着感觉走，其实行动与感觉是同时进行的，凭意志控制行动，也就可以间接控制感觉。"

换句话说，虽然人们不能一下定决心，情绪就立即改变，但是大家完全可以做到的是改变行动。当我们改变行动时，感觉就能自动改变。威廉·詹姆斯的解释是："如果你愁眉不展，那么能立刻变开心的唯一方法就是感觉开心地坐直身体，并假装很开心的样子去说话办事。"

他这简单的"小把戏"真有效吗？去试试看吧！先在脸上绽放出一个真正的微笑，双肩放松，深吸一口气，然后唱首歌。如果不会唱，就吹口哨，要是不会吹口哨就哼个曲调。用不了多久，你就会明白威廉·詹姆斯的意思——如果你的行动表现出的是快乐，就不可能总是在心理上保持忧郁。

美国加州的一位叫做乔尼的女士，如果她明白这点，那么她就不至于每天郁郁寡欢了。她老了，还是位寡妇——这种情况确实有些凄凉——她还能表示出欢乐的心情吗？心情当然好不了，如果你向她问好，她会说："呃，还不错吧！"但她无奈的表情及冷淡的声音分明表示着："唉！天哪！你没见我这么落魄吗？"她显然认为，你生活得那么快乐，还要在她的面前炫耀。其实，比她不幸的女人多着呢：她故去的丈夫遗留的保险金让她一辈子也花不完，而且独立的子女也给她安排了一个家。但是笑容很少光顾她的面颊，她埋怨三位女婿自私挑剔——虽然总在人家家中拜访数月之久。她还埋怨她的女儿吝啬，一毛不拔——可她自己更是像铁公鸡，守财奴一样分文不花，"我必须用来养老！"她真是苛求甚严。对自己，对家人一定要这样吗？太遗憾了——只要她愿意改变，她完全能让自己从怨妇转变为慈祥长辈。改变，只需要从一个简单易行的行为开始，即展露笑容，尽量多付出一点仁爱之心——而不是使自己陷于痛苦囹圄之中。

另一位有悲惨遭遇的男士可就不一样了。

## 第 3 章　斩断焦虑思维，打破自我折磨的死循环

盎格特先生因精于此道而快乐至今。10 年前盎格特先生得了猩红热，康复后，却被告知得了肾炎。他走遍天南海北，遍访各地名医，偏方也尝试了不少，但病情始终不见起色。

之后，一种并发症又困扰了他——血压突然上升，经医生测量后发现，他的血压上升到 214 毫米汞柱。当时情况严重，医生让他家人最好预先为他准备后事。

他说："回到家，确认我的保险都已支付，接着向所有人承认我曾经的过错，之后陷入消沉绝望的情绪中。这种气氛使大家心里都不痛快，都愁容满面，我自己也无法自拔。过了一个星期哀怨凄凉的日子，我对自己说：'现在这样可真傻！要是一年内都活着，何不快快乐乐地度过今朝呢？'于是我全身放松，微笑着面对每一个人，表现得一切正常。其实这些都是假装出来的，但我一直让自己尽量表现开心的一面，结果不但使我家人受益，也极大地帮助自己恢复了健康。

"这样做之后我发现，我开始感觉良好，就像我假装得一样好，情况越来越奇妙，直到今天——我的死期早已过了数月。我不仅生活开心、身体健康，连血压也降了下来！但有一件事我能确定：如果我一直抱着必死之心，医生的预期结果一定会发生。然而我让自己的身体有机会自我康复，完全是因为心态的转变。"

让我们来提个问题：假如表现出积极的行动就能让心中充满积极乐观的想法，继而就能挽救个人的生命，又何必为一点鸡毛蒜皮的小事去费神劳心呢？假如作出微笑的表情就能创造快乐，又何必使自己和其他人难受呢？

千万别忘了威廉·詹姆斯的格言："只要将一个人的心态由恐惧转化为奋斗的力量，就能克服任何障碍。而只要将一个人的动作和表情表现出勇敢而非恐惧，他的心态就能勇敢奋进起来。"

威廉·詹姆斯所揭示的表现原理被越来越多的实验证明：表现出一种情

绪不仅仅能影响我们的情绪，更能直接有力地影响我们的身体，制造出正能量。比方说，只要大踏步走路，我们就会更快乐，情绪高涨；而拖着脚走路的人就容易情绪低落，感到焦虑。

## 想出来的灾难

"天哪，怎么会这样！"迪克想，"我到底做错了什么？我的人生太倒霉了！"他缓缓地拿起电话，打算收听电话留言。在这短暂的等待中，他感觉非常紧张，呼吸急促，甚至能够听见自己脉搏的跳动。

"迪克，我是蒂姆，我刚参加完一个会议。我想我们应该见面好好谈谈了。你待会联系一下我的秘书凯莉，让她安排我们尽快见一面，谢谢！"

迪克瘫软地坐在了沙发上，现在他只能束手无策地等待与上司见面了。"这简直太糟糕了，蒂姆为什么会忽然给我打电话？完了，完了，无法挽回了！"他从沙发上跳起来，在家里的办公室内边踱步边喃喃自语，"太糟糕了，这只意味着一件事，我一定是做了不可原谅的错事。天哪，一定是那份报告，一定是那份出错的报告被蒂姆看到了！难道是乔将那份报告拿给他看的吗？噢，现在应该怎么办？我还来不及申请修改报告，居然就让上司发现了。他们一定还会发现更多的漏洞，以蒂姆严谨的性格和果断的办事作风，他一定会不留情面地批评我。"

迪克越想越觉得可怕，他开始生动地想象着那场即将到来的灾难："蒂姆一定会解雇我！"他甚至能够想象蒂姆对他说的每句话、每个表情。

就这样，迪克越想越焦躁不安，他觉得自己马上就会失业了，而他的生活也将陷入困境之中："一切都完了，本来应该顺风顺水的工作，难道就因为一份报告而毁了吗？"

这时，迪克的妻子莉莉走进来，问道："嗨，亲爱的，你是否有空，有事情找你帮忙。"

"什么事情?"他有气无力地答道,同时心里在琢磨着,"我应该把这些告诉她吗?"他皱着眉头,一脸的苦闷。

"怎么啦,亲爱的?"莉莉关切地问道,"你的脸色看起来不太好,发生什么事情了?"

迪克勉强地笑了笑:"没什么,你让我帮什么忙呢?"

莉莉以怀疑的眼神看着他:"我正在整理房间,有些家具太重了,你过来帮我搬一下,好吗?"

"当然没问题,我这就去。"迪克避开妻子的眼睛,慌忙走向卧室。

接下来的半个小时,迪克都在不停地帮莉莉搬家具,他似乎想将一切精力都放在干活上。

"我们将那盆花放到那边窗户旁吧。"莉莉指着一个很大的花盆说。

"好主意,这样,它能够晒到更多的阳光,也能让更多人看到!"迪克看了看那个花盆,里面的茉莉郁郁葱葱,绿的似乎要滴出水来。他认真地抱起花盆,小心翼翼地将它搬到目的地,这时阳光正好从窗外照射过来,洒在茉莉上,看起来美极了。

迪克全神贯注地看着眼前的花。过了一会儿,当他的目光从那美丽的花上移开时,他忽然觉得心里没那么沉重了。这时,妻子走过来,轻轻地拥抱了一下他。"亲爱的,辛苦你了。我知道你心情不太好,可以告诉我发生什么事了吗?"妻子温柔地望着迪克说道。

迪克沉默了片刻,叹了一口气,然后露出了笑容。他觉得之前一直担忧的事情似乎没有那么糟糕了,他忽然意识到,是自己将那件事情"灾难化"了。

"一个小时前,我接到一个电话留言……"他将一切都告诉了妻子。

在生活中,我们常常与迪克一样,有这种"灾难"的感受,总是将一些事件的后果无限夸大。心理学家将这种情况称之为"思维灾难化",也就是说,我们将某些不如意的、讨厌的事情看成可怕的、糟糕的、灾难性的事件,从而导致我们在经历这些事情时,感觉到真正的灾难。灾难化常常包括对坏事件的反复消极思考,而越思考,就觉得它的破坏性越大。拿迪克来说,其实一开始他就对那个电话有着消极的暗示,从而产生了担忧,他不停地想象那个电话可能会产生的后果,这也使得他的情绪越来越坏。

事实上,许多事情并没有那么可怕,甚至是无关紧要的。比如忘记了某个约定,工作上出现了失误等,这些都可以挽救。如果我们总是将这些问题看成一场无法抵御的灾难,那么我们可能就会因此惶惶不可终日,从而更加痛苦——而这些,对于解决实际问题毫无帮助。

当我们遇到这种情况,出现"灾难化"的思想时,不妨采用合适的方法,加以消除。比如转移注意力,深呼吸,想象美好的事物,参加娱乐活动等。迪克就是通过搬家具,和将注意力转移到美丽的花上,来消除这种灾难化的焦虑情绪的。

此外,我们还可以通过改变自己的思维方式,来消除自己的灾难化情绪。

蒂尼奥觉得自己陷入了困境。"情况太糟糕了!"她向我抱怨道,"我一定会被解雇的,公司的解雇人员名单上只有一个名字,那一定是我!我总是出错,而且我不像别人那样懂得讨好人。噢,现在所有人都等着看我的笑话了。"

我看得出,她十分焦躁。她苦恼地望着我,说道:"这还不是最糟糕的,还有更严重的事情,先生。您肯定会觉得我是一个爱唠叨的、令人讨厌的女人,但事实并非如此,我的确遇到了很可怕的事情。除了我刚刚说的,快要被公司解雇一事,更令我感到惶恐的是我的丈夫。我发现我的丈夫凯文有些不对劲!他好像背着我在做什么见不得人的事情,上次我就发现他和他的朋友在车库里,半天都没有出来。天哪,他们不会是在吸毒吧?还有,我身体越来越差了,我总是感到乏力,晚上却难以入眠。你能够想象吗?如果我失去了工作,我的丈夫又出现了什么问题,我的生活就完了!"

我问她:"你为什么这么在乎这些事情呢?"

她回答道:"当然,先生!我必须在乎这些,我希望我拥有足够的物质,我希望我和我的丈夫更好地相处。"

"你需要有足够物质,那么就应该在工作上尽心尽力,而不是整天陷在害怕失去工作的烦恼中。同样,你希望与丈夫和谐相处,那么就应该去关心他,了解他的需要,而不是去怀疑他。更何况,失去了工作并不意味着失去生活,你的丈夫在车库可能只是单纯地在修车,您为什么一定要往坏处想呢?"我对她说。

她思考了片刻,对我说:"这些事情看起来的确很麻烦,但是该来的总是要来的。我现在应该做的,是重新投入工作和家庭。"

在这个过程中,蒂尼奥试着将灾难化的思维转换成积极迎战的思维,她甩掉包袱又继续前进了。

我们可以多问问自己,为什么感到如此不安,我们最在乎的是什么,采取怎样的方式才能够达成我们的愿望,并试着从另一个较为积极的角度迎战眼前的困难。

在洛莉将要举行婚礼的前三天,她才得知到这个不幸的消息:她请的乐队并没有收到她的合同和定金,并且在婚礼当天,这个乐队已经安排了另外的演出。洛莉慌乱地想:"天哪,没有乐队,就意味着婚礼上没有音乐,我们不能跳舞。这是多么遗憾的事情,我不能在新婚当天与我的爱人共舞!"她越想越觉得伤心,觉得这次婚礼会彻底地失败。她还想象着人们如何评论这场没有音乐的婚礼,"这是谁策划的婚礼?一点都不浪漫,连乐队都没有,这算什么婚礼！太可怜了！"她不断地埋怨自己的无能。

而新郎史迪威则显得非常轻松，他安慰自己的未婚妻："亲爱的，其实有没有乐队并不是那么重要，我们可以在其他方面做得更精彩。没有乐队只是一个遗憾，而不是一场灾难。亲爱的，我一定会给你一场满意的婚礼！"他将所有的计划分析一遍，仔细看看有没有差错。然后让洛莉与自己一起完善策划，商量解决办法。

洛莉在未婚夫的鼓励下，开始积极地说出自己的想法，他们各抒己见，大胆构思，不一会儿便都笑了起来。他们得出的解决方案是，及时联系其他的乐队，如果实在请不到乐队，就可以邀请音响师来播放音乐。他们还决定将婚礼场地改到户外，并将附近的魔术表演团请过来。"我想，这一定会是最具创意的婚礼！"洛莉愉快地说道。

三天后，他们的婚礼照常举行，并且增添了更多的乐趣。

积极地采取措施，迎战目前的困难，比进入灾难化思维的恶性循环有利得多。与其让一个小烦恼在潜意识中酝酿成一场大灾难，不如理清思路，轻松而从容地面对它。我们应该试着缩小烦恼和困难的影响范围，降低它的破坏力，做到笃定自如。

## 自我标签VS负面暗示

想象一下，你面前摆着一个颜色嫩黄、外形饱满的柠檬。你用手拿起这个柠檬，用鼻子去闻它的味道。透过柠檬的表皮可以清楚地闻到那种酸酸的味道。然后你拿起一把刀，将这个柠檬切成两半，柠檬汁顿时流淌出来，你的口中似乎已经充溢了柠檬特有的酸酸的味道。此时，你一定能在自己身上发现了两件事情：

1. 你的口腔分泌出了更多的唾液；
2. 你的五官不自觉地紧缩了。

从这个想象实验我们可以了解到，从柠檬——心理暗示——柠檬是酸的——分泌唾液——五官紧缩，这一系列的变化都是由你的想象和观念所造成的。你给柠檬贴上的就是"酸"这个标签，然后就对这个标签产生了一系列生理、心理的反映。如果我们展开进一步的分析，喜欢柠檬的人会对这种想象产生愉悦的感觉，但不喜欢柠檬的人就会产生厌恶的情绪，并且中断这种想象。

当然，对柠檬的标签化想象不会对我们和他人造成不良的后果，但如果我们对他人的行为随意贴上"标签"，不仅会给我们带来一系列的负面情绪，还会严重影响人与人之间的关系。

璐璐回到家，发现婆婆和女儿都不在家，她慌了，立即打电话给婆婆："妈，你和梅梅在哪里啊？啊？你怎么能带她去菜市场啊，那儿多脏啊……你就不能等我回家再去买菜吗？"

这样的对话，每天都要上演。孩子拉肚子了，她就觉得是婆婆瞎给孩子吃东西；婆婆从卫生间出来没有洗手就抱孩子时，璐璐说什么也不给她抱；婆婆不在家时，璐璐就会一遍遍冲洗婆婆洗过的碗、筷、盘子，甚至毛巾、衣服都要做消毒处理。即使这样，她心里仍然充满焦虑，害怕细菌传播给孩子。

这样的小吵小闹小情绪在某一天爆发了。那天，婆婆在卫生间给他们洗衣服，她发现婆婆把内衣、外衣混在一起洗，便开始大声地数落婆婆没有生活常识，不讲卫生。丈夫实在看不下去了，劝她对母亲的态度好一些，她愤怒地说："我有什么错误啊，老人不讲卫生，还不让我说，我为了谁呀？不也是为了这个家吗！"

婆婆很伤心，当天晚上边抹眼泪边收拾行李，准备回老家去。璐璐事后想想也有点后悔，婆婆毕竟年纪大了，又帮自己操持家务，但她心里仍然十分别扭。原来，一开始璐璐的孩子都是自己母亲帮着带的，后来母亲生病了，婆婆就从乡下来到城里。璐璐看到婆婆的卫生习惯与母亲不一样时，就认为婆婆不讲卫生。之后，就无论看婆婆干什么事都不顺眼，她自己也感到过分了，可就是控制不住。

从心理学的角度来看，璐璐的行为就属于一种偏见性的认识，她钻牛角尖的心理已经非常严重了。她的脑中已经形成了思维定势，总认为婆婆不如自己母亲讲卫生，其实如果同样的问题发生在她自己母亲身上，璐璐可能就会认为是正常的事情了。

无论是给自己还是他人身上贴上标签，都会给我们的生活和工作造成很大的困扰。标签化的思维方式会妨碍我们按照自己所希望的方式行动，它甚至会导致人们在实际生活中想说"不"时却说"是"；不敢提问题，也不敢提出请求，因为害怕被拒绝或者成为别人的笑柄；不去做自己很有兴趣做的事，因为害怕会受到别人的批评，所以也就实现不了自己的目标，僵化的观念让我们不敢去尝试新生事物或者与他人和平相处。

摆在路易面前的是一叠全新的乐谱，封面又被指导自己的教授贴上了"超高难度"的标签。

路易翻着乐谱，感觉弹奏这支曲子去参加钢琴比赛对自己来说是不可能完成的任务，他的信心跌到了谷底。自从跟了这位新的指导教授之后，不知道为什么，教授总要以这种方式来整他。

这位教授是个极其有名的音乐大师，授课的第一天，他给路易一份乐谱，说道："试试看吧！"乐谱的难度颇高，路易弹得生涩僵滞、错误百出。

"你的指法太不成熟了，回去好好练习！"

路易练习了一个星期，第二周上课时正准备让教授验收，没想到教授又

## 第 3 章 斩断焦虑思维，打破自我折磨的死循环

给他一份难度更高的乐谱，仍然是那句话："试试看吧！"至于上星期的课，教授提也没提，路易只能再次向更高难度的技巧挑战。

到了第三周，更难的乐谱又出现了。同样的情形持续着，可路易总觉得自己赶不上老师的进度，他感到越来越不安、沮丧和气馁。

后来的第四周、第五周……教授都用这种"魔鬼训练法"来折磨路易。直到第十二周，当教授走进练习室，路易再也忍不住了，他正准备向钢琴大师提出这三个月来何以不断折磨自己的质疑。可没等他开口，只见教授抽出最早的那份乐谱，交给了他。"弹奏吧！"教授以坚定的目光望着路易。不可思议的事情发生了，连路易自己都不敢相信，他居然可以将这首曲子弹奏得如此美妙和精湛！教授又让路易试了第二堂课的乐谱，路易依然呈现出超高水准的表现……

"其实，我给你的所有乐谱难度都是相近的，你只是被封面我写的'超高难度'几个字给吓住了。你能弹好第一首，也就能弹好最后一首。来，试试看吧。"教授将最后一本谱子上"超高难度"的标签撕去，示意路易现场弹奏。

卸下了心理包袱的路易看着乐谱，曾经艰涩的曲谱在他眼里变得鲜活、流畅起来。他怔怔地望着教授，一句话也说不出来。

当路易看到"超高难度"这四个字时，他已经对这份曲谱产生了恐惧感，因此，他不自觉地产生了"我无法弹奏出超高难度的曲子"的想法，这个想法会萦绕在他心头，挥之不去，进而他变得焦虑、恐惧、自卑。最后，钢琴大师道破了其中的奥秘，打破了路易给自己设定的心理暗示，也撕去了路易给自己贴上的"我不行"的心理标签。

这种给自己或他人随意贴上"标签"的行为在我们生活中十分常见，所谓的"标签"其实就是一种心理暗示。每个人都可以拥有自己的看法，但是一旦以单一的角度、僵化的思维去评价，让你的想法代替事实，那么就会造

成某种偏见,从而影响我们的情绪和行为方式。

我们想要改善自己的负面情绪,就必须改变自己的想法。尝试着问自己:"这个想法能帮助我按照自己的心愿去感受和行动吗?"如果回答是"不能",那就把这个想法从头脑中清除出去,取而代之以一个更积极或者更现实一些的想法。

学会放弃死守某个观点的习惯,不断在内心提醒自己从相反的角度来看待问题。当然,有时候观念很顽固,即使我们清楚地知道这是不对的,它还是会时不时地出现在我们的脑海中。我们能做到的是不让它成为自己坚信的东西,习惯于在脑子里进行多轮"辩论",多听听别人的意见,让有益的观念去取代那些有害的观念。

## "都是我不好"

一位心理学家的手记中有这样一个案例。

有一对异地恋情侣,男人为了女人放弃了工作三年的岗位,来到女人所在的城市重新寻找工作,女人又感动又内疚,总觉得是自己拖累了男人,所以对男人无比体贴,百依百顺。后来,男人因有了新的恋爱对象,移情别恋,向女人提出分手。两人分手后,女人并不怨恨男人,相反,她总觉得是自己不够好,所以导致恋情以悲剧收场。女人曾经借给男人3万元钱,虽然女人自己也遇到了难事,生活困窘,但她一直不敢向男人开口要回那笔钱。她认为错在自己,她根本没有理由去要回那笔钱。

在这段恋爱关系中,女人虽然受到了很大的情感伤害,但她的心里始终有一个想法:如果他没有因为自己离开原来的城市,后来的一切都不会发生。他们不会因遇到日常生活中琐碎的矛盾而争吵，他也不会遇见另一个女人，他们自然就不会分手。因为男人曾经为她付出过，所以，她觉得男人才是受害者，而自己就是罪魁祸首，她实在不能找男人要回属于她的财产。最后，在万般无奈之下，她询问自己母亲的看法。母亲说："他为你做了那么多，你这就当作是给他的回报吧。既然你以前已经做了好人，你现在去要钱反而显得你很小气。"就这样，本来欠债还钱天经地义的事情在女人愧疚感的操纵下不了了之，女人只能独自承受物质和精神的双重伤害。

案例中，女人这种事事都认为自己不对的想法所引起的情绪，在心理学上被称为"负罪感"。这种情绪伴随的观念往往是："都是因为我的错，所以……"这种观念会导致人们心里产生一种很不好的感受。

当负罪感产生时，通常都是因为我们为自己所做的某件事情或者说过的某些话感到负有责任，觉得不该这么做或者不该这么说。我们所批判的不仅是我们的行为，同时还批判了我们整个人。

"如果……那么……"的思维方式是造成罪责归己误区的重要原因，比如"如果我再仔细一点，这道题目就不会错了"，"如果我再瘦一点，那么男朋友就不会离开我了"，"如果我比别人多工作几个小时，那么我一定会得到提拔"。这种思维误区的危害在于它和现实无关，只存在于主观的推理之中，从而严重影响到了自尊和自信。如果你发现自己也陷入了这种思维误区，你就应该明白：世界上根本不存在真正的完美，不存在没有任何瑕疵、不需要任何改进的东西。就像没有一个人会同时成为完美的职场强人、完美的伴侣和完美的家长一样。即使是那些我们公认的天才们，也不可能将自己创作的音乐作品、拍摄的电影、创作的小说或者技术发明视为完美，因为除了自身的局限性以外，还有很多不能被我们所掌控的外部因素。

当我们继续挖掘人们之所以会产生"都是我不好"这样想法的原因时，不妨先来了解一个针对美国大学生的调查。研究人员要求学生们记录下一件"给他人带来巨大喜悦的事情"，结果十分有意思：学生们对自我的不同看法明显地影响到事件的叙述。那些具有高度自信的学生描述的情形多是基于自己本人的能力给他人带来快乐；而那些缺乏自信的学生记得更多的是分析他人的需求，在意他人的感受，他们强调的是利他主义，而充满自信的学生则强调的是自己的能力。

由此可见，缺乏自信的人总是会把他人的需求放在首位，从而忽略了自己的能力和正常需求，并进而转变为一种心态：一旦事情出了纰漏，就把责任往自己身上揽，因自己没有满足他人的需求而自责。尽管这种"老好人"的做法比起那些具有自我意识的人的做法来说并没有攻击性，但他们却为此付出了高昂的精神代价，他们更容易出现自我怀疑和抑郁情绪。

你是不是发现自己回到家中也不敢让自己松懈下来，不能放松地躺在沙发上休息，而是一点一点地拾掇着，总感觉有做不完的事。你开始责备自己，对自己不满——"你总是不能把生活安排得井井有条！"别人似乎没有这些问题：她们可以轻松地减肥，定期健身，人际关系处理得很好，与恋人恩爱有加，房子和孩子都收拾得干干净净，这使得你感到很内疚。

是时候改变这一切了，否则你将永远无法真正感觉到安全和自信。你从来没有想到过，这些谴责究竟有什么意义。在现实生活中，自责并不利于我们自信心的确立，相反会给我们的心灵增加负荷，让我们饱受内疚感和羞耻感的折磨。我们要做的，就是增强自我意识，告别"我后悔"、"我应该"、"我不喜欢自己"的思维方式。

1. 做一件自己真正想做的事情：把注意力从那些让你自责的事情上移开，做一些别的事情，尤其是隐藏在你内心深处、你非常想做的事情，比如听一场音乐会，组织一场聚餐，去某个地方旅游，甚至仅仅是关掉手机，全神贯注地阅读一部小说。重要的是去做能够让你全力以赴、忘我投入的事情。不在乎结果，无所谓成绩，因为认真、热情地做一件事情的过程本身就是非常有意义的。大量的心理学研究证明：能够全身心投入到一项工作中去的人不论在精神上，还是在体能上，都比不能做到这一点的人更为健康，并且可以消除人们对自己的不满情绪。心理学将这种状态称为"意识流",即人们在这种状态下忘记了周围的一切,甚至忘记了自己。

2. 用自己的能力去帮助别人:我们所说的"帮助别人",并不仅仅是只关注到别人的需求,无条件地付出,而是以自己的热情和能力给予他人适当的援助。这样做可以让你找到自我满足感。美国的心理学家发现,乐于助人的行为会长期增强免疫力,保护助人者免受疾病困扰,保持自我价值。在美国的一项调查中,来自不同社会救援组织的几千名会员以及专职工作人员参与了调查,当他们被问及"在为他人服务时自己能从中得到什么"时,被询问者一致回答是:"精神快感、充实能量以及增强自信。"这些社会工作者中的绝大部分感觉和以前的生活相比,心态显得更满足、更平衡、更幸福。

总之,实事求是地评价自己在各种事情中应负的责任,切勿盲目夸大自身的"破坏力"。除了认识到自身的问题之外,还要认识到其他因素,这样,我们的自信心才能受到保护,也能更好地处理生活中的挫折,摆脱负面情绪的侵扰。

## 外界批评是如何"毁掉"一个人的

### 现实版的西绪弗斯

索伯格教授是研究世界史的专家,他编撰过很多书籍,成果斐然。作为经历过20世纪风风雨雨的老学者,他的学生们一直期待老师能够写一本回忆录。索伯格教授终于花了近两年的时间,完成了这部回忆录。他的学生帮忙联系了一家知名出版社的编辑,编辑很感兴趣,花了一周的时间,通读了全稿,之后联系了索伯格教授,表示他们很乐于出版这本书,但有些地方需要改动,并已经作出了标示。

索伯格教授听到编辑的回复后,表示他最近很忙,但会尽快修改好稿子,再送到出版社。可是,一个月过去了,两个月过去了,编辑始终没有收到索伯格教授的回忆录修改稿。他一次次地发邮件询问索伯格教授返送修改稿的时间,并诚恳地表达了自己对这本书的兴趣。索伯格教授还是说:他也不确定,他还是很忙。

又是三个月过去了,出版社的编辑仍旧兴趣不减。编辑这次没有直接联系索伯格教授,而是约见了当时联系他的那位学生。学生表示,他也不知道教授为什么一拖再拖,不过他可以旁敲侧击地去问问教授。

这天,学生带着自己的论文前往老师家中拜访他。在老师的书房,学生一眼就看到了放在书架最高层的那本厚厚的书稿,书稿表面已经落了一层灰,看来老师是打算把书稿束之高阁了。

"老师,出版社的编辑前两天联系我了,他不敢贸然打扰您,所以想托我问问您修改稿最近是否可以送过去,他说如果您有任何问题,都可以随时联系他。只要能出版,别的都不是问题。"

索伯格教授啜了一口咖啡,目光转移到了书架上的那叠书稿上:"还是再等等吧,我还没想好到底怎么改,万一改得又不如出版社的意,我宁愿不出版了……"

学生瞬间明白了老师内心的想法,原来,编辑对文稿的改动意见还是让索伯格教授有了怯意。自己这位老师编书编了一辈子,以前之所以没有这样的担心,是因为那都是别人创作的东西,其质量与自己没有绝对的关系。现在,当自己的回忆录拿出去,就开始担心和害怕别人的批评了。

索伯格教授并不是真的因为"忙"而没有时间改稿子,而是因为害怕自己的稿子遭到读者的批评而一再拖延。这位教授固执地拒绝面对自己,面对书稿,面对外界与自己的交流。虽然他有舒适的书房,舒适的书桌,舒适的窗景,可他却痛苦不堪。他成了现实中的西绪弗斯——试图反抗那块从陡山上掉下来的大石头，但却得不到真正的救赎。

如果一个人害怕别人的批评，就会任凭别人影响自己的思想，接受他们的观点，无法客观看待自己，因而无法过真正自由自在的生活。

比如，生活中很多人明明知道自己的婚姻已经形同虚设，但是因为他们害怕受到来自周围人的批评或议论，而情愿过着凑合的日子；有的人从自身素质来说，更适合去学一门手艺或者技术，但碍于面子，怕被别人说没有大学文凭，结果无奈地接受自己不感兴趣的教育；在一些家庭中，许多人任凭亲戚们打着"责任"的招牌来干涉他们的生活，也是因为他们害怕遭到亲戚朋友的批评指责；还有人被别人的评论影响而瞻前顾后，错失事业上的良机……

这样的情况实在太多了，尤其是当一个人想要全心全力地致力于某项事业时，脑海中首先闪现的，就是害怕别人的闲话。如果这项事业对我们自己是个考验时，就会在内心千方百计寻找借口，拖延为之努力的时间。这时，我们的心理状态是这样的："我能完成这项工作，达到既定目标吗？工作量实在太大，需要太多的时间了。我周围的亲朋好友们对此会作何感想？我靠什么生活呢？别人从来没尝试过的东西，自己能取得成功吗？你就认为你一定能取得胜利？你要看看自己有什么能力才行，你的出身这样低微，这样没名望。别把目标定得太高了，别企图太大了……"

所有这些念头一下子涌上脑子，整个世界也仿佛顷刻间就变成了我们的敌人。周围都是嘲笑、讥讽的声音，仿佛所有的人都瞪大着眼盯着自己，拿着尺子在衡量自己。这正是许多人容易犯的错误，也是许多人普遍存在的消极心理状态。

一个人的创造性意念产生之后，会很快消失，除非立即被付诸行动，注入新的活力。所以，任何创造性的念头，都必须在它诞生的时候就紧紧地抓住它，给它良好的生存机会和发展环境。爱面子、怕受批评这类恐惧心理是毁灭想象力、创造力和执行力的最大障碍，它们会阻止我们向前迈步。

**没有任何人能给你下定义**

无论旁人对我们作出何种评价，那都仅仅是他们对我们言行的主观理解。他们往往只是从其自身的感受出发，而不会试图探寻、了解事情的本质，更不会站在我们的角度考虑问题。举个很简单的例子，男生A和女生B是一对恋人，他们和朋友C一起走在路上。突然，男生A看到了一个衣衫褴褛的卖花小姑娘，便掏出钱包，买下了全部的花，然后送给女朋友。C在心里想：他这么做就是想在女朋友面前炫耀一下自己的大方，真是个虚伪的人。女生B在想：他不一定是真的想送花给我，他只是太善良，全都买下来就是想让小姑娘今天可以早点回家。而卖花的小姑娘则在想：他一定是很爱自己的女朋友，才买了这么多花给她。

我们不能强求别人正视生活，从客观、公正的角度来评价任何事情，但是，无论我们做任何事情，都可以这样告诉自己：任何评价其实都和所做事情的实际价值无关，别人的批评不会让你的自我价值降低，真正重要的是在这个过程中，你是否让自己的生命得到了表达、延展或者绽放。

马克·鲍尔莱因说："一个人成熟的标志之一就是，明白每天发生在自己身上的99%的事情，对于别人而言根本毫无意义。"所以记住：别人对我们的批评和赞美，更多的是反映出了他们内心的状态，而不能定义我们的好坏。

# 第 4 章

# 你到底在怕什么?

　　害怕并不是因为胆小,即使最勇敢的人,也有恐惧的时候。恐惧是一种正常的心理应激反应,它可以帮助人们提高警惕、规避危险。但是,高频率、高强度,以及对特定事物的特殊恐惧,则会给人的身心带来不必要的损伤。事实上,我们所害怕的许多事物,都只是我们自己塑造的"魔鬼"。

## 恐惧：焦虑的极致体现

艾玛对游泳有着莫名的恐惧。她有一个七岁的孩子，已经到了学游泳的年龄，但是艾玛非常困扰，她不敢陪孩子一起去游泳，甚至阻止孩子去参加游泳训练。不知所措的她来到了心理咨询室。

心理医生与她进行了一次交谈，鼓励她参加游泳聚会："那并不会给你带来什么危险，参加游泳聚会是非常安全的。"

一个月之后，心理医生再次见到她时，她对医生说："按您的建议，我去参加了一次游泳聚会，就在上个周末。噢，那种感觉好极了！我在游泳池里与我的孩子一起玩耍、畅游，非常自在。"

医生疑惑地问道："难道你忽然对游泳不恐惧了吗？"

她回答："我也不知道，但是我觉得游泳池没有任何危险，我对它并不恐惧。"

"游泳池有什么不一样吗？"

"当然不一样，游泳池的水很清澈。"

医生恍然大悟，其实她并不是对游泳产生恐惧，而是害怕河流、湖泊和大海这样不够清澈的地方，只要这些水没过她的膝盖，她都会因为看不到自己的脚尖而感到恐惧。当她身体的某个部位隐藏在未知的领域，她就会觉得惊慌失措、惴惴不安。

许多人都跟艾玛一样，对某些事物有着莫名其妙的恐惧，他们会尽量避开这些事物，以维护自己的安全感。而大多数情况下，这与他们的经历有关。比如，有人吃过过期的鱼子酱之后引起了中毒，他可能永远都不会再接触鱼子酱了，因为在他的意识中产生了这样一个条件反射："鱼子酱是有毒的。"一些人则是通过对社会信息的接触而产生了恐惧感。比如我们对癌症的恐惧，多是因为接触到那些对癌症的宣传信息，而产生了"癌症很可怕，会带来死亡"的意识。而事实上，患癌症的概率并没有我们想象中那么高。还有一些人产生恐惧，则是由于小时候父母给他们的警醒。比如，某个人至今不敢独自使用煤气炉，那是因为小时候父母经常制止他独自进入厨房，并对他说："当你一个人在厨房时，煤气炉会很容易爆炸。"他一直在这样的提醒中成长，到现在，尽管他知道这只是父母为了保证他的安全而说的谎话，他也对煤气炉怀有非常大的恐惧。

恐惧也是一种习惯性思维，随着我们接触越来越多可怕的事物，我们的焦虑情绪会逐渐累积，恐惧就会慢慢壮大。人们的恐惧是经过长期习得而来的，它通常有着高度的选择性。比如，一个七岁的小孩在郊游时遇到一条蛇，他并未产生恐惧感，而是怀着很大的兴趣看着它爬过。而在他回家时，他的脚被草丛中的蛇咬伤了，从此，他就陷入了对蛇的恐惧之中。随着这样的创伤性事件的增多，我们对世界的恐惧感会越来越强。

如果我们不逐一解决令我们产生恐惧的这些零零散散的问题，它们就会形成一个强大的"联盟"，攻击我们的心智，让我们变得惶恐不安，觉得四周都是危险。许多陷入恐惧中的人都有两种典型的特征：第一，他们认为这个世界存在着一些危险，许多事物都充满了破坏性和攻击性；第二，他们觉得非常孤独，觉得只有依靠独自的能力才能够生存下去。他们表现出对世界的恐惧，并且会控制自己的活动范围，将自己限制在一个狭小的范围内，并极力制止某些危险因素的来袭，以此来捍卫自己的安全领地。

## 把心放在哪里才会安全？

晋朝有一个叫乐广的人在河南做官，他有一个很好的朋友，但不知何故，在一次聚会饮酒之后，这位朋友很久都没有再次来访了。乐广感到很奇怪，以为自己上次哪里招呼不周怠慢了客人，于是找到好友问明原因。不问不知道，原来上次朋友来家做客，乐广好酒招待，好友正端起酒杯要喝酒的时候，突然看见杯中有一条蛇，心里一个激灵，但当着乐广的面又不好失态，于是强忍着惊恐喝了那杯酒，喝完回家就生病了。乐广听后哈哈大笑，再次请好友来家做客。同样的位置，同样的好酒，同样的杯子，好友端起酒杯再次看到上次那条蛇，表情痛苦，难以下咽。乐广微笑不语，朝好友头上指了指，好友抬头一看，自己也笑了出来，原来正当好友的头顶上，悬挂着一张弓，弓背上有一条漆画的蛇，好友是把酒杯中倒影的"蛇弓"当成了真正的蛇，因此吓出病，连乐广的家都不愿意进了。疑团揭开，好友的心情豁然开朗，长期困扰他的病也就不治而愈了。

这个就是我们从小就学习的一个成语——"杯弓蛇影"。这个故事在传统观念里，一般被认为是讽刺那些胆小怕事的人，但其实在心理学日渐被人们研究、开发和学习的今天，这个故事有了新的诠释——"对特定事物的恐惧"。

什么叫"对特定事物的恐惧"呢？先来看下面这个例子。

小艾今年26岁，是一个跆拳道黑带的武林高手。有一天她和男朋友在回家的路上，路过一家小餐馆，突然从门内窜出一条恶狗对着他们狂吠。说时迟那时快，小艾"啊"的一声尖叫，迅速躲到男友身后，双手紧握男友的衣服、浑身发抖、神情紧张，待男友驱赶掉恶狗后，她才慢慢恢复过来。但接下来走路的姿势明显不自然了，而且速度也比之前慢了。又有一次，因为男朋友有事不能陪她，小艾独自一人回家，还是那家小餐馆，还是那条恶狗，还是突然冲出来对着小艾狂吠，出乎意料的是这次小艾居然异常淡定，只见她一跺脚，一声怒吼，恶狗瞬间变成"史努比"，蔫蔫地退回去了。

这两幕截然相反的局面，全被餐馆老板看在眼里，他十分纳闷，同样的人遇到同样的狗为什么结果却有天壤之别？一个武林高手，在独自遇到恶狗时是毫不畏惧的"女汉子"，但在有男朋友陪伴的时候却变成了一个风吹折腰的"软妹子"。这是为什么呢？

原来，小艾曾经有一次和男朋友一起在外面散步，突然遭到飞车党抢了她的包，因为包是斜挎在身上的，所以她被拖出去摔了一跤，肩膀受了重伤。此后的三个月，她的肩膀都打着绷带，而且前一个月都是伴随着疼痛入睡。从此，小艾对"和男朋友在一起遇到危险（或者潜在危险）"的场合就异常敏感，肩膀就剧烈作痛。

餐馆老板不死心，继续追问，她和男友上次只是遇到一只恶狗，并不是歹徒，为什么也会害怕呢？小艾被问住了，她也不知道为什么。

这种没有明确理由的对特定物体（或场合）感到恐惧的症状就是对待特定事物恐惧症。

人类都有趋利避害的本能，当危险（或者潜在危险）即将发生时，正常人都会本能躲避远离它，所以就会出现对恐惧的相应场景或者事情产生抵触的情绪和回避的行为。当恐惧感无限放大后，抵触和回避也越来越强，特定事物恐惧就此诞生了！

较为常见的特定事物恐惧症有恐高症、动物恐惧症（比如恶狗）、声音恐惧症（一些特定的尖锐刺耳的声音）等。除此以外还有一些比较少见特定事物恐惧，比如气流恐惧（空气流动、风）、尖锋恐惧（小刀）、异性恐惧、接触恐惧、孤独恐惧（独自一人的情景），等等。

如果你觉得你也有以上的情况，先不用担心，因为我们每个人在生活中都或多或少地对不同事物和情景产生恐惧感，但这并不是你对某种事物感到恐惧就是心理学临床意义上的恐惧症。只有当你对某种特定事物产生的恐惧已经严重影响到你的正常行为，乃至破坏你的正常生活，这样才能被判定为真正的恐惧症。

即使你感觉自己对某种特定事物恐惧已经达到恐惧症的程度，也没有太大妨碍，因为通常这类患者有办法避免恐惧，就是避免自己面对或者进入特定的事物或者情景。比如恐高症患者只要避免接近高层建筑的窗户就可以安然无恙；一个害怕坐飞机的人只要尽量选择地面交通工具就可以高枕无忧；对游泳产生恐惧的人只要不靠近泳池就和正常人一样……

如果患的特定事物恐惧症很难避免，比如异性恐惧、接触恐惧、气流恐惧、密集恐惧症等，这些恐惧的特定情境都是和平常的生活息息相关的，无法进行回避，那就需要专业的心理学知识进行干预治疗。我们通常采用的方式是系统脱敏疗法。

我们来让小艾现身模拟一次治疗。

**第一步，给恐惧分等级。**

采用五分制计分法，让小艾把令自己产生恐惧的情景由低到高分成五个等级，分别计1—5分。比如：

和男友一起散步——1分

和男友一起散步进入一个陌生的环境——2分

和男友一起散步在陌生环境想到可能的危险——3分

和男友一起散步碰到恶狗——4分

和男友一起散步碰到陌生人盯着自己——5分

**第二步,学会放松。**

先让小艾靠在沙发上,按照自己感觉舒服的姿势坐着,双手自然放在扶手上,通过深呼吸放松自己的身体,然后脑海里想象着让自己放松愉悦的画面或者情景。如果小艾的想象力有限,我们可以给她一些引导,比如"躺在海滩上,温暖的阳光洒在你的脸上,微风吹拂你的身体,这个时候你感觉很放松、很舒服。现在微风吹拂你的头,你感觉头很放松;现在微风吹拂你的脸,你感觉面部及五官都很放松;现在微风吹拂你的手,你感觉手很放松(一直下去,直到她全身放松)……"

**第三步,系统脱敏。**

先从分值最低(1分)的恐惧开始,想象自己和男友在一起散步的情景,如果出现轻微的紧张和慌乱,告诉自己,这是没必要的,有男友在保护你,你很安全。如果1分可以轻松应对了,就进入2分阶段,方法还是一样,想象自己和男友一起散步进入一个陌生环境,告诉自己没什么,每天都可能进入一个陌生的环境,陌生不代表危险。当完全不害怕2分阶段时,再往3分阶段进发……如此往复、不断练习,终有一天小艾可以告别"和男友在一起可能遇到危险"的恐惧。

一个人最大的敌人是自己,最难战胜的也是自己。战胜了内心的恐惧感,那么外界的事物就不会对我们产生杀伤力。

## 死神来了?

看到下面这些生理反应,你首先想到的是什么?

- 呼吸困难或气短；
- 窒息感；
- 胸部有压迫感和疼痛感；
- 发抖、震颤，而且体质虚弱；
- 掌心出汗或出汗过多；
- 手脚出现刺痛感或感到麻木；
- 心跳加速、加剧；
- 感到虚弱、眩晕或站立不稳；
- 恶心、反胃以及肠胃不适；
- 感到身体发热、发冷或脸红。

这些感觉是不是很熟悉？生活中，你是否也有过类似的经历？你常常怀疑自己得了某种可怕的疾病，你觉得非常恐慌，不知所措。

朱莉是一个家庭妇女，最近她感觉自己越来越不能控制恐慌的情绪。每天早上的时间总是万分匆忙，要给两个小家伙做早饭，帮老公打理好要穿的衣服，直到他们全都出门了，她才能稍稍歇一口气。然后，她冲出家门，赶一辆前往附近超市的班车，如果晚到一分钟，她就要步行30分钟，或者选择等待一个小时后的车子。所以，每次赶上这辆车子对朱莉来说都是一个考验。

然而，不知道从什么时候开始，朱莉注意到她的胸部会出现怦怦跳的感觉，并且伴有呼吸困难，燥热并出汗。她一开始还以为是太累的缘故，结果情况似乎变得愈来愈糟。

当班车时间临近的时候，症状变得更加严重，她感到口干，心跳开始加剧，胃难受，几乎喘不上气来，而且手也在颤抖。好几次，她都确信自己会晕倒。有天夜里，她辗转反侧，第二天早晨醒来时感到疲惫不堪。在做早饭的时候，她就开始担心那些可怕的感受或体验会何时降临。由于这些症状，她不停地检查身体，琢磨手和脚上曾出现过的刺痛与麻木的感觉。朱莉曾听说在心脏病发作时人们的手臂上会有奇怪的感受，她觉得也许是自己的心脏出了问题。

那天早上，孩子们把麦片粥撒得满地都是，朱莉大发雷霆，把孩子们都给吓着了。但朱莉不能将她的烦恼告诉他们，她很快想到，如果自己得了重病，孩子们该怎么办？后来，朱莉还是努力赶上了班车，在车子里，她已经不知道如何才能挪到自己座位上去，她对周围的一切都失去了感知力，一切似乎都变得有些不真实。当时，朱莉无法再控制自己的呼吸，她感到自己会窒息而死。

"一直等到我下车的时候，我的症状才缓解。我觉得不是晕车，肯定是我的身体出了问题。怎么办啊医生，我的孩子还那么小，可是为什么我查不出到底哪里出了问题？我感到精疲力竭，十分虚弱。或许我该暂时放弃外出，在家中静养？医生，你帮帮我吧！"

走投无路的朱莉去了几家大医院查身体，但医生都告诉她，除了有些神经衰弱外，没有什么别的大毛病。朱莉最后来到了社区心理咨询室，希望能够找到答案。咨询师结合朱莉的情况，判断她陷入了疾病恐慌的怪圈，而起因正是她每天必须追赶的那辆班车。

几乎每个人都曾在其生活的某一时刻感到过焦虑，如在应聘、考试或演讲等情形下。由于轻度焦虑普遍存在，所以常常被看作是一种正常的现象，而且通常不会引起人们的关注。然而，对某些人而言，焦虑症状过于严重和持久，就会变异为对某个特定事件或事物的恐慌，从而导致他们产生一系列生理上的反应，比如朱莉对赶不上班车的恐慌。由于朱莉并没有意识到这一点，所以只要她还强迫自己必须赶上班车，她就要继续承受生理上的折磨，这些生理上的异样，又会引发她对自己身体的关注，怀疑自己得了什么不治之症。实质上，这是一种高度焦虑的外在表现。

朱莉的情况并不是个案，不少人都会出现某种突发的、高度焦虑的情形，还有一些人，一旦出现头疼脑热，就会担心自己患上了什么疾病，但他们通常又不敢去医院进行检查，只是自己凭空猜测，这被称为恐慌发作。这种情况下，人们并未认识到他们此时正患有一种心理障碍，而是认为他们得了其他疾病，如心脏病、癌症等。

因为恐慌有许多躯体症状，恐慌发作的经历常常使人们逃避那些使他们害怕体验到恐慌发作的情境。另外，对于某些特定的疾病，有的人也会格外关注，并且出现过度恐惧。比如，"恐艾症"、"恐狗症"患者，由于害怕自己被传染，甚至会远离人群、动物、针头等，怀疑周围的一切。对于这些"恐惧源"比较明确的，我们可以采用强迫暴露疗法进行治疗，能够达到比较理想的效果。

## 电梯里的恐慌

坐在心理医师艾伦面前的这个姑娘似乎正在努力传递给医师一个印象：她很放松，但是艾伦看到的确是一种内在的紧张。从她刚才进门的那些动作可以看出，这是一个严谨、认真、内向的女孩。同时，她僵硬的笑容、交握的双手则表明，这个女孩防御心理比较重，习惯于展现给别人一副完美的面具，掩藏真实的自我。

艾伦让她先说说自己的情况，她点点头："我从小就胆小，怕黑，怕坐电梯，也怕一个人关在一个屋子里。工作后我怕坐飞机、怕坐车时穿过隧道。每当这时我都会感到很紧张、害怕，有时甚至紧张得要喘不上气来，简直是快窒息了。其实我知道没有必要那么害怕，但就是控制不住自己。这次，我之所以来找您，是因为我马上要搬家了，新的住址在18楼，根本不可能再爬楼梯了。"

艾伦大概明白了她的问题所在，又问她："难道你从来没有乘过电梯吗？"

她回答说："我自己一个人的时候坚决不乘电梯，实在躲不开时，我也必须站在门口的位置上，并且要大声说话分散注意力。"

"那你坐过飞机吗？"艾伦继续问。她说："我刚刚参加工作时，与领导一起出差，坐过一次飞机。当时紧张得不得了，头天晚上就没有睡好觉，想起来就害怕。起飞不久我就吐了，别人以为我是晕机，其实我是胃里难受，有一种收缩、痉挛的感觉。我知道是害怕、紧张造成的。从那以后再也没有坐过飞机了。"

艾伦又接着问："你坐汽车感觉怎样？"

"汽车好一些，但是过隧道时还是会紧张。"

"那么，你是否想过，让你害怕、回避这些的原因是什么？你是怕发生意外吗？"

她勉强笑了笑，很不好意思地说："我确实有这样的想法，尤其现在电视上经常报道飞机失事、电梯故障，我经常会想象那种意外的场景。其实我知道，自己的这些担心没有必要，哪有那么巧的事情发生？但我就是控制不住，这些念头会自动跳出来。"

艾伦点点头，说："我明白你所说的。客观上，人们确实不能控制自己的想法。不过，除了刚才你提到的那些以外，你还害怕其他什么吗？"

"我怕乘拥挤的地铁，我也怕黑，我睡觉的时候必须要开着卧室的门。"艾伦做好了记录，又问了一个很关键的问题："你能告诉我，你的这种害怕，是从小就有的，还是长大以后的观念？"她想了一下说："具体什么时候我记不清楚，但小的时候就怕黑，上大学的时候开始害怕坐电梯，工作以后就感觉更严重了。""那时候你大概几岁，我是说你觉得更严重的感受？""大概是我23岁的时候吧。"她回答。

艾伦点点头，他心里明白，23岁对她或许意味着某种特殊的含义，当时肯定发生了什么事情。

这个女孩子所说的症状,就是我们所说的幽闭恐惧症。从心理学的角度来说,恐惧症一般具有两个组成部分:一是当事人对某一个体或一个场合产生强烈的、持续的恐怖,尽管自己知道它实际上并不真正具有威胁;二是因这种恐惧情绪而导致躲避引起恐惧的刺激。临床诊断恐惧症具有四条标准:以恐惧为主的恐惧对象;恐惧程度不合理;发作时伴有焦虑和自主神经症状;反复或持续的回避行为、无法控制感。

以这四条标准来看这个女孩,她所患的幽闭恐惧症所恐惧的对象包括乘坐电梯、飞机,甚至是关闭房门的卧室等,都已经超出了正常范围,而所担心的程度完全是不合理的。她想尽办法不乘坐飞机、电梯是其主要症状,说明她的恐惧感已经对她的社会交往造成了损害。在躯体表现方面,她容易疲劳,睡眠质量差,这也是恐惧情绪的反应所致。

虽然艾伦一开始还不知道造成女孩这种幽闭恐惧症的成因是什么,但其发生往往与特殊的环境刺激有必然联系。研究恐惧症的心理学家认为,幽闭恐惧症的产生机制是由有关该事物的不愉快经历所引发,这些不愉快经历储存在患者的记忆之中,当记忆被勾起时,恐惧便会随之而来。

那么,女孩的幽闭恐惧症从何而来呢?

后来,女孩向艾伦吐露了她上大学后的一次经历。那天,她与两个同学去行政楼拿材料,一起乘电梯后,那两个同学临时先离开了电梯。女孩独自一人继续乘坐,结果在下行过程中轿厢一阵震颤,头顶的灯光也忽明忽暗。女孩感觉自己的心脏都要停止跳动了,有一种说不出的恐惧。她连忙用颤抖的手指连连按"紧急"按钮,但是根本没有反应,她口干舌燥,头皮发麻。终于,电梯经过了一阵颠簸后,停了下来。她在电梯里大声叫喊,有人在外面回应她。直到电梯门打开,人们发现,她已经瘫坐在了地上,一动也不会动了。这就是她所说的,23岁时曾经发生的事情。

## 恐惧来自你内心的压迫感

艾伦对女孩的治疗还没有结束,因为女孩并没有把内心真正让她痛苦的事情完全告诉她。

艾伦对女孩说:"现在,我已经知道了你在23岁时,曾经遭遇过的电梯惊魂事件。但是你的肢体语言告诉我,你对外人,尤其是男性有着无意识的防御心理。我觉得,你应该还遇到过与异性有关的不愉快经历,而这个经历也与你的幽闭恐惧症有关。"女孩非常讶异地看着艾伦,她无意识地握紧了拳头,这让艾伦肯定了心里的想法。

艾伦接着说:"没关系,我是个心理医师,你所说的一切隐情我都会保守秘密。我是来帮助你的,你完全可以信任我。"

女孩的嘴唇嚅动了一下,没有发出声音。于是艾伦转退为进地说:"你如果还没有决定,那你可以不说,以后也可以永远不说,我尊重你的意愿。我所顾虑的是,这件事情是否会对你的治疗产生影响。"

最后,女孩的记忆闸门打开了。

23岁那年,女孩爱上了一个人,但这段感情以失败告终。多年来,这个女孩的内心始终笼罩在阴影之中,看似愈合的疮疤底下,仍然是流淌着脓血的伤口。

那个男人比她大5岁,在一家服装厂担任业务经理,而女孩则是在服装厂对口的销售单位里做兼职工作,两个人是在业务接触中认识的。一来二去,两人有了好感,很快就升温为恋人关系。一个周末,两人一起逛商场。男友看到有电梯可以直接到底层,就建议不要一圈一圈乘扶梯下楼了。女孩很害怕,因为当时距离电梯惊魂事件才一个多月。不过,她想有男友在场,自己应该可以克服对电梯的恐惧。于是,她也就非常忐忑地进了电梯,紧靠门口站着。电梯里没有人,她恐惧地拉着男友的胳膊,紧闭着眼睛。突然,男友把她抱在怀里,一面亲吻她的嘴唇,一面把手放在了她的胸脯上。这下可把她吓坏了,从来没有男人这样接触过她,使原本就已经紧张、恐惧到极限的她,大声叫了出来。一阵晕眩过后,她本能地挣脱了男友的拥抱,几乎瘫软在地上。

从商场出来后,男友的脸色非常难看,他觉得女孩是因为不爱自己,才会拒绝自己的亲密动作,当天晚上就提出了分手。

说到这里,女孩泣不成声,这无疑是最让她伤心的"电梯记忆"。不过,艾伦没有阻止她的哭泣,相反,她任由女孩尽情地宣泄内心的痛苦。从心理学的角度来说,人的情绪和痛苦,能以物质的形式排出体外的只有眼泪。在必要时,用这样的方式化解情绪,也是非常有意义的。

恐惧其实是一种极度的焦虑,它来自于人内心的压迫感。上面案例中的女孩也正是由于曾经的经历,造成了心理压迫感,从而引发了恐惧症状。根据女孩的情况,艾伦制定了治疗方案,即采取整合疗法对她的幽闭恐惧症进行治疗,理论依据是精神分析理论和行为主义理论。整个治疗过程划分为两个阶段:第一阶段,共同探索并揭示导致她症状出现的潜意识层面的原因;第二阶段,进行行为矫正。

目前,第一个阶段已经完成,他们已经一起将埋藏在内心最深处的痛苦根源挖掘了出来。接下来,就是进行行为矫正。

艾伦告诉女孩,按照行为主义心理学理论,治疗幽闭恐惧症通常采用两种行为疗法:一种是暴露疗法,另一种是系统脱敏疗法。不过鉴于女孩心理承受能力较差,暴露疗法(也叫冲击序法)并不适合她,所以选择使用系统脱敏疗法。艾伦会让女孩逐渐暴露在导致恐惧、焦虑的情境中,再通过心理的放松状态来对抗这种恐惧、焦虑情绪,从而达到消除神经症的目的。系统脱敏疗法比冲击疗法要安全得多,痛苦程度也低得多,但是比冲击疗法疗程长一些，需要进行多次的治疗。

女孩接受了艾伦的治疗方案，并且表示现在自己感觉压在心上的石头已经搬走了，她觉得整个人轻松了很多，通过系统的治疗，她逐渐摆脱了折磨自己许久的心理问题。

## 森田疗法：不抵抗，不逃避

在日本慈惠医科大学的森田正马教授看来，无论是社交恐惧、疾病恐惧、高处恐惧，还是其他各种恐惧症，都属于强迫性焦虑症，都是由于患者想以主观愿望控制客观现实，从而引起精神抗拒作用的加强。他结合自身的患病体验，以及多年治疗实践经验，总结出一套行之有效的治疗方法，称为森田心理疗法。

### 顺其自然≠放任自流

森田疗法强调"顺其自然"，就是说要顺应情感的自然规律，对自己出现的各种行为异常症状，以及焦虑、烦躁、恐惧等各种消极情绪，不再做出刻意的抵抗举动。比如，一个学生马上要参加一个非常重要的比赛，这时他就会在不知不觉中出现焦虑和紧张情绪，这是正常的心理反应。如果这个学生不去理会这种紧张情绪，任其自然发展，这种情绪很快就会自动消退；或者会将这种压力转化为向上的动力，督促他努力复习。一旦这个学生认为，这种紧张情绪是不该出现的，从而产生对抗心理，那么他就违背了情绪的"自然规律"，他的对抗非但不会消除这种紧张，反而会延缓情绪从产生到消亡的过程，加重他的紧张体验。

不过，顺其自然并不是放任自流。比如一个患有社交恐惧症的人会认为，与人交流是很痛苦的事，为了避免这种痛苦，他干脆选择离群索居，孤独地生活，这种态度就属于放任自流。顺其自然则不同，它要求患者正视这种与人交流的恐惧心理，鼓励患者从满足自身生活质量出发，带着这种恐惧心理与人交流。

**改变你的应对机制**

很多恐惧情绪是由于在人们的想象中，处于某种情境时会遇到令人害怕和不快的意象。从意象对话的心理学观点看，不同的恐惧象征着不同的消极心理活动，我们害怕的是这些消极心理活动。其他任何令人恐惧和不快的意象也都是消极的心理活动的象征。我们真正恐惧的不是这个意象本身，而是它所象征的那些事物。

森田疗法要改变的，就是人们面对心理层面的困难时所采取的消极应对机制。无论是身处密室，还是位于空旷的广场上，抑或面对着自己害怕的某种特定事物，患者要能改变自己的恐惧情结——不逃避、不攻击、不对意象进行任何应对，等待这个意象自然地转变。

奥尼尔小时候和父亲露营时，曾在晚上遭遇一条毒蛇，虽然父亲很快处理掉了这条蛇，但却让奥尼尔从此"谈蛇色变"。长大后，他接触到了森田疗法，便尝试用这种方法治疗自己的恐惧症。心理治疗师先与他进行意象对话，让他想象自己走在野外的丛林中，突然发现前面树上垂下来一条巨大的蟒蛇。奥尼尔发现自己又变成了一个小男孩，而蛇是如此的恐怖。这一次，再也没有父亲在旁边帮他抵挡一切了，只能看他自己的了。奥尼尔下意识地想要逃跑，他恐惧到了极点。

心理治疗师建议他（在意象中）不要跑，站在原地看这条蛇。心理治疗师告诉他："你越跑，蛇就越知道你害怕，它就越会欺负你，你躲也只能躲一时，终究是躲不掉。不如这一次就看着它，不要跑，看它能怎么样。"

奥尼尔浑身都在颤抖，他紧闭双眼，与内心的恐惧作着剧烈的斗争。心理治疗师继续鼓励他："相信自己，实际上它也害怕你。你不能跑，你就这样看着它,看它敢怎么样。"

蛇吐着信子慢慢滑向了奥尼尔,奥尼尔似乎都闻到了蛇身上散发出来的腥臭气味。这时,他再次听到一个坚定的声音对他说:"蛇在吓唬你呢,你不要跑,否则它就得逞了。我们不让它得逞。"

过了一段时间,蛇的威胁一直没有生效,于是这个蛇的意象改变了,它变成了平常大小的蛇,绕过了奥尼尔,缓缓游走了。

森田疗法所依据的是心理能量理论,可怕的意象往往带有顽固的心理能量,而且正是我们自己激发了恐惧的能量。当我们在想象中采取各种方式逃跑时,这个能量又被传递给了原来的可怕意象,并加强了它对我们的"威胁力"。我们逃跑得越快,可怕的意象得到的能量就越多,它也就越强,从而形成了一个恶性循环。

当我们只是面对,而不做任何其他心理内部想象性的动作时,我们就不再主动激发其他能量。于是,我们内心的情绪能量是可以自由流动和释放的。恐惧越来越强的过程,就是恐惧能量在释放。由于没有新能量加入,当释放结束的时候,就会出现我们所看到的现象:恐惧突然地下降到了一个极低的程度。

**森田疗法关键词——接纳**

心理能量不会凭空消失,带有心理能量的意象也是一样,打死、烧掉或用其他方法都绝不可能消除这些消极意象,这些行为的作用只是压抑了它们。

所有的消极意象其实都是自我的一部分,不接纳这些意象,也就是不接纳自我,成为荣格所说的"阴影"。"阴影"中的心理能量不仅不能为自我所用,相反成为一种敌对性的力量。于是,恐惧者的内心才会冲突不断。

森林疗法就是要让人们意识到,任何消极意象实际上都可以转化为积极意象,而消极形态的心理能量也可以转化为相应的积极心理能量。我们需要的不是排斥，不是压抑，而是接纳基础上的转化——把它看做我们身体里的一部分，然后软化它。

森田疗法中接纳的基本方法是：不要做任何象征着不接纳的事情，不要攻击、伤害、侮辱那些消极意象，而是应该在想象和行动上与这些消极意象进行交流，拥抱它们，接纳它们。告诉自己，这些消极意象的存在并不是完全没有好处的，它们是为了让你避开外界的危险。

接纳有时会有奇迹般的效果，有时候，长期得不到接纳的那些消极意象，一旦被主体接纳，就会马上出现改变，就像格林童话中的青蛙，被公主一吻就变成了王子。

## 循序渐进，恐惧"Bye-bye"

五岁的乔伊对妈妈大声地说："快把这只狗赶走！"而眼前的这只狗，满身是血，嘴里还叼着一直死掉的兔子。乔伊被吓哭了，从此，她再也不敢与狗有任何接触了。

直到长大之后，她仍然不能接受狗这种动物，并且对狗的恐惧感日益加深。当她听到狗叫声，都会吓得颤抖起来。今年夏天，隔壁新搬来了一户人家，并且带来了一只大狗。当那天乔伊看到这只狗懒洋洋地经过花园之后，就开始闭门不出了。她觉得自己一旦走出去就会受到狗的攻击，她每晚都会梦见一群狗在追自己。后来，只要门外有一点响动她都会非常害怕，觉得是那只大狗要破门而入了——而事实上这样的事情并没有发生，但乔伊依然陷入了深深的恐惧之中。

其实，我们恐惧某些事物是正常的，特别是四五岁的小孩，对动物产生恐惧太常见了。但是，如果这种恐惧一直保留下来，甚至变得更加严重，就会影响我们的生活。那么，我们能不能找到一种好的方法，来战胜我们的恐惧呢？

心理学家已经得出了一些很好的方法来战胜恐惧，利用这些方法，我们很容易就可以使内心的恐惧慢慢消退。

接下来，我们主要介绍两种方法：一种是强迫暴露法，一种是系统脱敏法。

**强迫暴露法**。主要是指让有恐惧感的人暴露在他认为的恐惧场景当中，让他真实地感受他曾经认为的恐惧，并意识到自己的恐惧感是完全没有必要的，这样，就能够达到战胜恐惧的目的。暴露法会使我们在短暂的时间内感受到极大的恐惧，但是只要克制自己留在那个恐惧场景之中，过一段时间后，当我们发现自己所在的环境没有想象中那么危险，我们的恐惧感就会渐渐地消失。

乔伊在母亲的陪同下，开始走出屋子，并且试着与隔壁的狗接触。一开始，她并不愿意碰到那条狗，甚至看都不愿意看见。后来，她鼓起勇气，闭上眼睛去抚摸狗，这让她感觉惊恐万分！当她全身战抖着慢慢睁开眼睛，发现那条狗温顺地趴在自己旁边，还摇着尾巴，并没有想象中那么凶狠可怕。她依然感到恐惧，但是仍然坚持蹲在狗的旁边！半个小时后，她慢慢觉得那条狗变得可爱起来——它是那么的乖，跟小时候看到的那只狗完全不一样！就这样，乔伊以这种简单的方式战胜了对狗的恐惧。

有时候，有些人不一定能够在第一次尝试这种方法时就取得好的效果，我们需要循序渐进地改变对那些令自己恐惧事物的看法。比如，如果乔伊第一次试着与狗接触时，仍然不能够战胜恐惧，她可以在第二天、第三天继续运用这种方法。经过几次之后，就会慢慢地战胜恐惧了。

**系统脱敏法**。这个方法是由心理学家沃尔普提出的。这种方法的目的是让我们逐个战胜每个对我们产生恐惧的事物。我们可以首先列出一些令自己产生害怕的事物，以弱到强的顺序排列出来。比如，我们可以将最害怕的事情列在最上面，其次是第二害怕的事情。然后从只有一点害怕的事情上开始，按恐惧感从小到大的顺序，体会每一件事情。

比如，如果乔伊想利用系统脱敏法来战胜自己的恐惧感，就应该先将"与狗相处"列在最上层，接下来将第二令自己恐惧的事情列在第二层……最后把只有一点恐惧的事情列在最底层。接着，她开始在完全放松的情况下想象排在最底层的事情，完全投入这个场景之中，直到恐惧感完全消失殆尽。然后，她继续想象另一个令自己害怕的场景……这是一个循序渐进的过程。

在经过多次训练之后，我们就可以想象最让我们害怕的场景。最后，乔伊开始想象"与狗相处"的场景，她就会发现，当自己慢慢地逐个战胜这些恐惧场景之后，"与狗相处"这个事情并不可怕，她可以毫不畏惧地想象自己与狗相处时的情景了。

我们应该相信自己，恐惧并非不能够战胜的。其实，这个世界并没有我们想象中那么危险，我们的恐惧感几乎完全源自于自己的内心，而令我们害怕的事物，并没有实质性的危险。只有将自己从恐惧的牢笼中拯救出来，才能让我们得到自由，让我们的思想腾飞到万丈高空。

# 第 5 章

# 安全感是自己给的

习惯性失眠、噩梦连连、过度忧虑、惶恐不安……这些难以摆脱的心理问题困扰着许多人。有些人总是莫名其妙地感到恐慌，甚至无法找到原因，但有一点是很明确的——他们缺乏安全感。

人们害怕未知的事物，下意识地逃避"不确定"的风险。一旦离开自己的掌控范围，心理的安全系数就会下降，从而产生焦虑。

## 人人都会有不安全感

莉亚不愿意穿过于暴露的衣服,她害怕被树林里的树枝扎到皮肤,也不敢走进拥挤的人群,害怕别人碰到她的皮肤。她不敢穿裙子,甚至不敢用公共马桶。她为自己这种不安的状态感到难过,因为这给她带来了很大的麻烦。由于不敢与他人有任何肢体接触,她无法交男朋友,无法随意地去旅行,甚至不想让母亲拥抱自己……这让她感到快要崩溃。她也不知道自己是从什么时候开始出现这样的情况的,也许是在某一次,胳膊被玫瑰上的刺扎伤之后。总之,她陷入了惶恐不安之中。

心理学家斯洛特·泥里维尔说:"我们每个人的内心都是一部电视机,随时都在播放着属于自己的画面。每个人都有自己的影音频道,它们有的如同乡间小曲一样宁静安详,有的则像摇滚音乐一样令人惶恐不安,而如何去调控这些频道,则要看我们怎样感受自己周围的一切。"莉亚心中的影音频道则是一场如履薄冰的战争,这让她随时都在警惕之中,无法自由地感受真实的生活。

对于绝大部分人来说，自己内心的频道并不是让人愉悦的，它总是放着一些令人不安的音乐。有些人只是在遇到不好的事情时才会出现这样的情况，而另一些人在进行有趣的活动时也会出现，他们根本无法掌控自己的频道，在他们的头脑中会不停地出现一些令自己不安的画面，就像一个警报灯一样，随时随地都在闪动着，搅扰他们的内心。当有关于"危险"的画面占据了一个人的频道时，他就会出现各种惶恐不安的表现。他可能会不停地环视四周，看有没有带着敌意的眼睛正在看自己，或者无论做什么事情之前，都会将自己所在的环境检察一遍又一遍，以确保四周是安全的。

这就是我们所说的不安全感，它其实是过度的焦虑，也可以说是普遍的焦虑感。大多数情况下，焦虑是有针对性的，是在遇到某件事情时产生的，而不安全感则是一种习惯性表现。有不安全感的人，对周围的一切事物都会产生怀疑，并会逐渐地产生一些特定的思想和行为。比如，许多有不安全感的人，都会在出门之后怀疑自己没有锁门，并反复地检察门窗是否关好；还有一些人则会因为害怕肮脏而不停地洗手。

那么，你的影音频道是怎样的呢？在你的内心，播放的最多的是怎样的场景？你是否经常出现以下情形：

反复地检察很多东西，比如门窗、水龙头或者煤气。

夜晚睡觉时，总觉得床底或者窗外有人。

只要接触到公共设施，比如公用电话和公共马桶，都会感到不安，因为上面很脏。

洗手时，一定要用肥皂，否则会认为洗不干净，觉得手上有残留的细菌。

一个人在家的时候，感到非常惶恐，总觉得危险就在身边。

不愿离开家人和朋友，对他们产生强烈的依赖感。

以上都是比较典型的不安表现。当然，对不同的人而言，我们的不安全感的思想和表现也是不同的，但都有一个共同特征，就是总觉得自身会受到威胁。如果你有过与以上的表现类似的经历，就应该试着消除这些不安全感，因为它会让我们的思维受到约束，扰乱我们的心智。当我们存在着这些想法和行为并无法控制时，应该问问自己："这些想法是否让我感到厌恶？它们是否强行占据了我的头脑？"接着，我们就应该想办法对这些想法和行为进行阻挠了。

## 你所担心的，绝大多数都不会发生

戴尔·卡耐基在他的一部著作中写道：

"我从小在密苏里农场中长大。有一天，当我正在帮母亲采摘樱桃时，忽然哭起来了。母亲问道：'戴尔，为什么哭了？'我抽咽着说：'我怕我会被活埋。'

"在那段时期，我整日无端地充满忧虑。夏季打雷下雨时，我怕被雷劈死。干旱时，我担心食物不够吃会饿死。我担心死后可能会下地狱。我还害怕一个叫山姆的小男孩，他威胁说要割掉我的大耳朵。如果我向姑娘们脱帽致礼，我担心她们会嘲笑我。我甚至担心没有女孩儿愿意嫁给我。我不知道结婚后要跟我太太聊些什么。我幻想我们在乡村教堂举行婚礼，再乘马车回农庄……可是在回家的路上，我该说些什么呢？怎么办？怎么说？我成天踱来踱去被这些问题烦得要死。

"随着年龄的增长，渐渐地我发现我忧虑的事情根本没有发生过。举例说来，我怕闪电，但根据国家安全委员会的资料，每年遭雷电击毙的概率只有三十五万分之一。怕遭活埋的恐惧心理则更为荒唐可笑，我从来没想过一个人遭活埋的概率为千万分之一，而我还竟然为此哭了一次。

"平均每8个人中有1个人会死于癌症。如果我真要担心什么问题,我可以担心可能得癌症——而不用担心被雷电劈死,或担心被活埋。当然,我所说的都是些青少年时担忧的事情。可是很多成年人的忧虑也差不多如此荒唐可笑。如果用概率来衡量我们所担心的事情,十之八九都不必放在心上。"

英国伦敦的劳埃德公司——全世界最著名的保险公司——之所以能收入上百万英镑,完全是因为人们担心的事情鲜有发生。劳埃德公司是以人们所担忧的灾难为赌注,而多数却永远不会发生。当然他们不称为下赌注,而称其为保险。其实就是基于概率的赌注进行投资。这家保险公司200年来都欣欣向荣,而且除非人们天性改变,否则这家公司仍将继续蓬勃发展,因为人们总在担心的灾难依据概率的计算并不像人们所想象的那样经常发生。

我们来看看,一位曾经深陷于不安全感的女士是如何从担忧中走出来的。

主人公名是克林太太,她说:"我经常毫无意义地担忧许多事情,这几乎毁掉我的人生。在自作自受的炼狱中我度过了将近11年才学会如何克服忧虑。当时我的脾气非常暴躁易怒,处于相当大的压力之下。每周我搭车去旧金山购物,即使在购物时,我也会忽然赶回家去查看一下是否一切安好,是否电熨斗在熨板上还没切断电源,也难怪我的第一次婚姻会毁在灾难中。

"我的第二任丈夫是位律师,他有极强的分析能力并且沉着冷静,几乎不为任何事情担心。当我精神紧张焦虑不安时,他就会说:'放松,一起来想想看是什么让你真正烦恼?再来算算会发生的概率有多少?'

"有一次,我们从墨西哥城开车回加州,在一条泥泞不堪的路上碰到了可怕的暴风雨。

"汽车在路上不断打滑,几乎很难控制,我相信车子一定会掉进路边的沟里,可是我先生坚持向我保证:'车开得很慢,不会发生那么严重的事情,即使掉进沟里,根据概率,我们也不会因此受伤。'他的冷静自信使我平静下来。

"几年前,小儿麻痹症在加州流行。这要是在从前,我一定会歇斯底里,焦虑不安,可是我先生说服我冷静下来。我们尽可能地采取有效的预防措施,我们不带小孩儿到人多的地方,也不带他们去学校等其他公共场合。向健康协会咨询后,我们发现在最严重的疾病流行期,全加州也只有不到两千名儿童患病。这让我放心了,因为概率显示,患病率实在不高。

"'根据概率,那种情况不会发生的!'这句话打消了我大部分的烦恼,使我享受了多年无忧无虑而平静的岁月。"

**拿出实实在在证据,赶走担忧情绪**

我们的烦恼和忧虑大部分都来自于我们自己的想象而非现实。尽管知道这个道理,但很多人还是会无法抑制自己的惶恐不安。这时,不妨积极行动,找出可以站得住脚的证据,来打消自己心中的惶惑。比如,曾担任纽约州长的艾尔·史密斯,他必须时刻应付政敌对他的攻击。事实上,在这些攻击还未到来时,他就开始坐立不安。所以,他养成一个习惯——一遍又一遍地不断重复:"让我们检查记录……让我们检查记录。"然后,他开始列举事实,找出自己所担忧之事到底是不是凭空想象,大多数情况下,他都发现自己只是过于敏感。

美国海军也同样采用概率的观念来鼓舞士气。一位从前当过水兵的人跟我说,当他们被派到辛烷油船服役时,他们的神经紧绷。他们认为油船上装的是危险性高的辛烷油,一旦被鱼雷击中,大家就都要去见阎王了。美国海军却存有完全不同的资料,据他们公布的数字显示,100艘遭鱼雷击中的油船,还能漂浮不沉没的有60艘,即使40艘沉船中,在10分钟内沉没的也只有5艘。换句话说,还可以有足够的时间离船——伤亡数字当然不算什么。这对鼓舞士气很有帮助。"这个数字确实扫除了我的恐惧,"船员得知具体概率后说,"全船的人都感觉心里舒服,明白我们还有逃生机会之后,按照概率来计算,我们多半不会在船上丧生。"

所以,当你再担心什么不幸的事情发生时,不妨采用史密斯和美国海军的处事方式:结合当下的具体情况,给出实例和证据,不断检查、思考,看看我们的焦虑建立在怎样的基础上,是否只是自己想象出来的。

## 行为抑制法:接触那些令你不安的事物

心理学家对有着不安想法的人进行了研究,发现如果刻意地去制止自己的想法,他们的情绪就会变得更加激动。而越激动,也就越难控制这些想法,从而产生了这种恶性循环。而如果他们通过某些行为来迎合自己的想法,就会暂时减轻这种不安全感。比如,一个人极度害怕家里被盗,所以反复地检查门窗,这样就可以暂时缓解他心中的不安。而如果他的不安想法再次来袭时,他就会产生更强烈的意愿去做这些特定的事情。当然,这种不安想法和行为事实上并未消除,而是愈演愈烈了。

所以,心理学家试着运用行为抑制法来缓解人们的不安,并且达到了很好的效果。行为抑制法的主要观点是让自己暴露在自己所认为的危险之中,并禁止对此作出任何反应。心理学家认为,如果我们置身于自己最害怕的场景中时,控制自己不去做任何缓解自己不安全感的事情,而如果我们一直控制下去,过一段时间,就会发现我们想象中的危险并未出现。这样,我们的那些不安的想法就会慢慢地减少,直至彻底消失。

吉娜极度厌恶肮脏,她总觉得许多东西上都遍布着细菌。她在公共座椅上坐下前,一定要用手帕一遍又一遍地擦拭椅子;她从来不愿意与人握手,也拒绝使用公共马桶;她甚至不愿意用手拿钱。她害怕所有的动物,每次不小心碰到动物都会使她惊慌很长时间。她每天都会用肥皂将手清洗无数次，有时候甚至会半夜起床去洗手。因为频繁而过度地清洗，她手上的皮肤都溃烂了。

吉娜接受了心理医生的建议，用行为抑制法来消除自己的不安全感。

心理医生让她尝试坐在一把未经过擦拭的椅子上。虽然这看起来是一件非常简单的事情，但是对于吉娜而言却显得非常困难，她几乎哭了！她不敢坐下去，并用眼睛盯着椅子看了很长时间。终于，她勇敢地坐了下去，这才舒了一口气——没有经过擦拭，椅子也没带来危险！接着，让她试着与其他学员握手，并努力地克制着自己厌恶的感情。她紧张地向一位学员伸出手，当对方热情地回握时，她惊呼了一声。但是，接下来就好多了，她试着与更多的学员握手和拥抱，慢慢地克服了自己的不安感，并开始感觉到了与他人握手和拥抱的乐趣。最后，她完全接受了这种她曾经认为不安全的行为，并觉得这样能够使人与人之间的关系更亲密。她开始控制自己洗手的频率，一天天慢慢减少自己洗手的次数……一个礼拜之后，她能做到一天只洗四次手了。

行为抑制法对于绝大多数人来说都是非常有效的，因为这个方法的目的就是让我们确切体会到，我们所担心的事情并不会给我们带来任何危险，我们是安全的。

不安全感就如同一条铁链一样，将我们锁了起来，让我们束手束脚，无法尽情地展示自己。只有我们放下自己的防备，慢慢消除自己的不安全感，才能脚踏实地面对生活，从容不迫地应对人生中的一切变故，轻松自在地感受人生中的各种美好，拥有更加广阔的天地。

## 无法走出的保护圈

走进咨询室的是一对父女，女儿叫克莱尔。看得出来，她很紧张，一双手紧紧地拉住父亲的手臂。克莱尔告诉医师，最近她一直有种挥之不去的紧张感，这样的情况已经持续两个多月了。她的家人都担心她会不会得了什么精神疾病，因此，她父亲特地陪她来看心理医师。

克莱尔今年25岁，未婚，现在一所中学任教，父母都是大学教师。她是独生女，从小就深受父亲的宠爱，什么事情都由父亲替她干，她很少自己独立处理事情。上小学时，因怕路上会出危险，所以一直是在父亲的陪伴下上下学；周末出去玩，也都由父亲陪着。由于这种长久的习惯，上大学以后，克莱尔仍很少与同学交往，更不用说与男同学接近了，每天放学后依旧回家，在家还是事事由父亲决定或代替办理。

从小，在克莱尔的心里，她觉得父亲比母亲更精明能干，处理问题能力也更强，因此父亲是家中绝对的权威。克莱尔对父亲有着特别的依恋，而与母亲则相对没有那么亲近。

两个月前，克莱尔经人介绍认识了一个男孩子。他比克莱尔大一岁，硕士毕业，长得仪表堂堂，在一家IT公司上班。在外人眼里，这是一个很好的恋爱对象，然而克莱尔却觉得他不够成熟老练，尤其与自己的父亲相比，更显得他各方面都不尽如人意。在克莱尔看来，她理想中的男人不仅要见多识广，而且还要能像父亲那样能干。

但是，真要克莱尔放弃结交这个男孩，她又感到十分矛盾。虽然她脑子里总是想：这个男孩不是我理想中的对象，应该早一点拒绝他；但真到了要下决心时，她又觉得这男孩对她确实挺好的，自己年纪也不小了，不能太挑剔。让她感到恐惧的是，她发现自己已经慢慢地喜欢上了这个男孩，面对恋爱、结婚后会失去父亲的时刻照顾，这个可怕的未来，她感到不知所措。

克莱尔的父亲又提到一件事情：克莱尔初中时，有一段时期他不再陪她上学，结果她曾一度出现情绪障碍，得了轻度抑郁症。后来在精神科大夫和父亲的精心照顾后，克莱尔很快就恢复了。现在，她又开始面临同样的焦虑和恐惧，她怕万一有一天自己遇到麻烦了，照顾不了自己，而将来的丈夫又不能干，不会细心照顾她，那该如何是好。因此她感到脑子里一片混乱，恐慌、紧张、不知所措的情绪接踵而来。父亲对女儿的情绪变化看在眼里，担心她旧病复发，因此赶忙把她带来咨询。

根据心理治疗师所看到的情况，无论是克莱尔的外表装扮、言谈举止，都没有患上精神疾病的表现。她在行为上最明显的特点，就是很依赖父亲。她甚至会像儿童那样，当被问到一些稍感难为情，或者不易回答的问题时，就不自觉地转过头去看父亲；而这位父亲在一旁也显得很着急，看得出，如果情况允许，他恨不得全都替女儿回答。

医生认识到，克莱尔的心理问题的症结正是在于对父亲的过度依赖，缺乏独立自主的性格。她无法承受任何可能会造成与父亲疏远的情景，因为那样就会使她失去了原有的安全感，就如孩童离别父母时所发生的分离焦虑一样。

作为成年人的克莱尔，她的内心还是一个没有长大的小女孩。医生对他们父女的建议是：克莱尔应逐渐减少对父亲的依赖，尝试自己解决问题，或者与母亲、朋友商量。此外，医生还建议她多与同年龄的女性朋友交往，从她们那里学习社交及生活能力，这样也有助于减轻对将来独立生活的恐惧。至于克莱尔犯愁的异性交往问题，医生表示，由于她缺乏这方面的经验，在交往过程中出现紧张、胆怯、手足无措的情绪反应是非常正常的，任何女孩子都会遇到这样的情况。她可以试着与男友继续交往一段时间。随着逐渐走出父亲的保护圈，她的情感也会日趋成熟起来，到一定时候问题将会自然而然地迎刃而解。

## 她为什么一上学就生病?

凯瑟琳从小就被父母捧在手心里长大,从来没有离开过父母身边。上大学以前,因为她成绩好,老师和同学都很喜欢她。可是,考上大学后,一切都改变了。原来的小圈子扩大成了个不熟悉的大圈子,优越感没有了,老师基本都不认识她,同学更是形同陌路。

凯瑟琳上大学以前,身体也一直很好,除了偶尔感冒发烧,没得过什么大病。可是,大学开学两个月后,不但感冒发烧成了家常便饭,而且还常常得一些怪病。发作的时候感觉整个人有气无力、头脑发晕、厌食。这时,她的同学们就会轮流陪她到医院看病,可是检查下来,医生认为她没有什么问题。周末一回到家,身体就好了,圣诞节整个假期都没有发作过。可是回到学校又不行了,各种怪病又开始发作了。凯瑟琳猜想自己大概是心理作用,或者水土不服。每当在学校里,凯瑟琳就感觉自己特别脆弱,很想家。她觉得,只要有家人的照顾,她的身体就不会那么差,学习也不会跟不上,她想到了退学。

心理咨询师发现,表面上看,凯瑟琳的问题是身体原因,实际上,她真正的问题是不能够适应大学的生活。凯瑟琳原来很健康,可到了大学之后经常莫名其妙地生病,经检查没有任何器质性问题,她的病其实是心理问题。

### 通过生病,引起别人的关注

每个人都有寻求他人关注的心理需求,凯瑟琳从小就是家人关注的焦点。来到大学后,没有人再像从前那样对她关怀备至,加上她不太会与人交往，朋友很少，从而感到被忽视、被孤立、被排斥。有一次，凯瑟琳体育课上摔伤了，得到班主任、辅导员和同学们的极大关注，每天都有人安慰她，帮她料理日常生活，让她觉得自己是"焦点"了。可她腿伤好了以后，同学和老师的问候渐渐少了，她又与周围环境产生了疏离感。后来，她不小心染上了重感冒，同学和老师把她送到医院，给她无微不至的关怀，她又一次感到自己成为"焦点"。几次患病的经历强化了生病就能引起别人对她关注的观念，在有意无意中，她就开始不注意身体，经常生病，以此来成为老师和同学关注的焦点。放假回到家中，父母对她的关注是无条件的，她不需要生病就能获得，因此假期她的身体就很好。

**病人的角色是她逃避挫折的一种方式**

凯瑟琳从小过得比较顺利，又在父母身边长大，遇到的很多问题都是由父母来解决的。而到了大学之后，远离父母，要独自面对和解决生活中的种种问题。凯瑟琳的独立生活能力差，处理问题的经验少，而她又比较好强，不愿意承认失败，不能接受自己不如别人。生病给了她一个很好的借口，可以用生病来逃避竞争，躲避生活中的棘手问题，得到别人的帮助。

**"生病"是她人际交往的一种病态方式**

与同伴交往，归属于某个团体是一种心理需求。纽曼认为，进入青年期的一个特点是处于"群体归属感"和"疏离感"的危机中。被同伴所接受，就会产生归属感，如果被排斥就会出现疏离感。来到大学后，班集体的概念相对弱化，凯瑟琳没有找到归属感，她不太懂得如何与人交往，朋友少，缺乏同伴之间的情感交流，而生病给了别人和她一个相互沟通的机会，找到了集体归属感。

**利用病人角色，才能获得益处**

学校的心理咨询师对凯瑟琳提出了这样一个问题"生病有没有给她带来什么好处"，她很惊愕。在老师的启发之下，她找出了因为生病而获益的许多方面：得到老师和同学的关心，失败了有借口，不需要参加什么比赛，可以不上课，等等。通过这样的分析，她领悟到自己陷入了利用病人角色获益的错误观念之中，她所谓的怪病不过是逃避现实责任的一种方式，而不是身体上出了问题。凯瑟琳明白了，退学解决不了自己的问题，只会让自己变得更糟，陷入频繁的转学矛盾中，只有解决本质的问题，才能使自己快乐地生活。

凯瑟琳的故事并非个例。心理学家已经发现，许多学生，尤其是大学生的心理状况堪忧。他们由于不能妥善地处理所遇到的困难而产生挫折感，惊惶失措、焦虑不安，甚至由于经受不住突如其来的重大打击而悲观厌世。他们很多人不明白初入学时的希望、失望、空虚、充实交织在一起的感受该如何排解，也不知道毕业前的心理不宁、茫然无助从何而来。事实上，这都是因为他们陷入了不安全感中。

## 丢掉不安全感，让自己平静下来

美国一位心理治疗专家乔安娜常常说："避免过多的不安全感充斥生活。"他用这个独创的方法治愈了很多人，他认为不安全感是由于人类面对外来的刺激而产生的两种反应：积极的对抗迎战和消极的逃避——分别表现为焦虑和抑郁——这两种情绪带动生理反应，或肾上腺素含量上升、神经紧张，或神经萎缩、情绪低落，实现对抗和逃避两种应激性动作，去发现不安全、免除危险。

可以说，焦虑和抑郁是人类自我保护的一种机制。但当思维遭到了扭曲，把一些并不是危险的事情认做危险，想象自己在一种不安全的状态下并养成这样的思维习惯，那么就会使焦虑和抑郁频繁化。

**如果对未来感到不安，那就为自己留好退路**

极度不安全感是一种心理疾病，很多人的焦虑和恐惧源于内心的脆弱。当外部的环境发生改变时，内心的冲突就激化了。所以在外部环境发生变化的时候，我们可以尽量保留一部分不发生变化，给自己多一点保险。这种化解不安全感的方法就是：在前进的同时永远给自己留好后路。

金·奥泰曾经说："我在尝试进行任何冒险行为前，我一定先留好退路。军事专家建议，作战时一定要保持后援补给线通畅。在个人生涯的职场上，也同样可行。例如，从小在德州及俄克拉荷马州长大的人，常会遇到旱灾。我们曾度过艰苦的岁月，父亲有时必须远道穿越，用马匹交换生活必需品，解决困窘的生活。这样的经历令我更加需要安全感。于是我在铁路站找了一份工作，在工作闲暇学会发电报。后来我在铁路公司担任电报替补员。我随时被指派到任何车站，替代请病假或休假的人的工作，月薪是150美元。后来不论我从事什么职业，我仍觉得铁路公司的工作是非常安定的，我也总是习惯保留一条后路，有机会再回铁路公司是我的后援补给线，除非我更好的新职务能稳定下来，否则这条退路将永远保留。

"例如，1928年，我在俄克拉荷马州的铁路公司担任电报员时，一天傍晚有人用电报，无意中听到我在弹吉他的时候唱着歌，他赞赏我唱得很不错，并建议我去纽约发展，寻找机会登台表演或上广播节目中一试身手。我当然受宠若惊，当我看到他在电报上的签名威尔·罗杰斯时，更是狂喜，呼吸都停止了，他正是西部牛仔歌星。

"我并不是立刻出发前往纽约，而是思来想去谨慎地考虑了9个月。终于得出一个结论，即使我到纽约发展，也不会有任何损失，只能收获更多。铁路公司给我发了通行证，我可以免费乘火车旅行。我在车上过夜，随身还带着三明治、水果作为路上的口粮。

"到达纽约后，我住在每周5美元的小旅馆里，吃点快餐，在街上闲逛了两个半月，结果一事无成。要不是想到回去还有工作作为后援的话，我一定会发愁死了。我为铁路公司服务了5年，因此可以享受一些只有资深员工享受的福利。为了保障这些权益依然有效，我离职不能超过90天，而在纽约市我已混了70天。万般无奈，我只有用铁路通行证尽快赶回俄克拉荷马州重操旧业，以保证我的退路畅通。后来我又工作了几个月，存些钱，再次到纽约一试身手。这一次机会来了。一天，我正在音乐公司等候面试，对着接待小姐，我弹着吉他，唱了一首《珍妮，我梦中的紫丁香》。当我正唱到兴头上时，这首歌的作曲者恰好进来。他十分愉快，听到我唱他的歌，便留了张便条，推荐我去维克多音乐公司。录音后，效果并不理想，我表现得太僵硬刻板了，一点也不自然。在维克多公司职员的建议下，我又回到铁路公司工作，白天上班，晚上在电台演唱西部乡村歌曲。这个安排很合适，因为我再没有后顾之忧，也没有烦恼。

"我在一家地方电台唱了9个月，在那期间，我与吉米共同创作了一首曲子——《我的银发老爹》，这首曲子迎合了听众的胃口。紧接着美国音乐公司总裁亚瑟·赛德利邀请我录唱片。一时间好评如潮，于是我又录了好多首歌，最终得到在芝加哥一家电台唱乡村歌曲的机会，周薪40美元。4年之后，我的周薪增加至90美元，同时由于还有机会在戏院表演，我又有300美元的额外收入。

"1934年，许多好机会眷顾于我，好莱坞制片决定拍摄西部牛仔影片，不过他们要的演员不是一般的牛仔，要的是个会唱歌的牛仔。美国音乐公司老板也是制片厂的合作股东，他向其他的股东推荐说：'如果找会唱歌的牛仔，我这里正好有一位合适的歌手。'从此我进入了影视圈，周薪100美元，我开始扮演牛仔歌手。不过，我非常怀疑自己能否在影视圈大红大紫，不过不用担心，反正我随时还可以回铁路公司工作。

"意外的是，我因这部电影一炮走红，而我现在的年薪是 10 万美元，外加影片票房的一半利润。不过我也清楚，这并非长久之计，但我依然不必发愁。因为无论发生任何事，即使完全破产，分文不值，我仍然可以随时回到铁路公司工作，我一直保留着这条退路。"

对于内心强大的人来说，任何不安都是多虑。有的时候，如果我们将自己的一些不安全感说出来，让真正获得成就、内心强大的人听到可能会觉得异常可笑，因为这些不安全感的根源完全是多虑。

施瓦伯刚结婚的时候也没有自己的房子，连初生的婴儿都要在桌子的抽屉里睡觉，他恐怕没有为此焦虑过，因为直到有钱后也没想过购置豪宅。本杰明·格雷厄姆在上大学时因为贫困差点辍学，即使如此，仍两次由于觉得所学的课程不适合自己而转修其他科目，毕业后找了个专业不对口、当时很被人瞧不起的交易员的工作，但最终他成了一代金融大鳄。

这些人并不会比我们大多数人顺利，但他们从来没有为漂泊的生活和不稳定的工作而焦虑过。他们所追求的是能让自己获得真正自由的理想事业，即使穷困潦倒，即使颠沛流离，他们也不会对未来感到恐惧和不安。

## 不再纠结，先做好最坏的心理准备

让我们来看看凯利先生采用的方法吧。

作为空调界超群的工程师，凯利先生是后来创立世界知名的凯利空调公司产业的先驱。凯利先生说："我年轻的时候，在纽约水牛公司工作。上级派给我一项任务，到密苏里州克里丝市的皮斯博·普来特玻璃加工厂——一家耗资巨大的工厂——去架设一个空气清洁装置。此设备的目的是清除空气中的杂质以使发动机不致受损。这种清洁空气装置的性能是十分优越的。以前只试装过一次——而且情况迥异。在我工作时，却出现了不可预见的复杂状况，所装设备无法实现我们的承诺。

"我异常惊慌，我的五脏六腑，翻江倒海般难受，那一阵子我愁闷难眠。

"终于，常识使我想起纠结对我毫无裨益，于是我绞尽脑汁想出一种处理问题的方法，并因此不再烦恼。这方法真管用！三十几年来，我一直应用此法克服纠结。非常简单，任何人都能用，这是三部曲：

"第一步：我先客观理智地分析整体情况，并推算出这次失败所能带来的最坏结果是什么。有一点可以肯定，我绝不会因此入狱或遭枪决。当然我可能因此失职丢掉饭碗，也可能令公司收回机器而由此使2万美元的投资付诸东流。

"第二步：考虑可能发生的最恶劣结果后，我强迫自己接受现实。我对自己说，这次失败可能摧毁我的纪录，也可能让我丢掉饭碗，可就算这样，换份工作也易如反掌。当然，情况也许更糟。对我们老板而言，他们会发现我们正在改进一种新的方法，即使这个试验得花2万美元，他们也承受得了。这可以算在研究费用之内，因为只是一种试验。

"在找出最坏的状况之后我开始接受它，如果这些结果是难免的。接受之后，我立刻感到前所未有的松弛和平静。

"第三步：从那以后，我就能平静下来。把时间投入进去，全心全意想办法从我已接受的最坏状况中谋求改进。

"现在我竭尽全力想方设法去减轻可能造成的2万美元损失。我试验了几次，这个问题就迎刃而解化险为夷了。最后发现只要再花5000美元加装一个设备就行了，我们因此不但没有损失2万美元，反而节省了15000美元。

"我可能永远想不出解决办法,如果我当时一直纠结下去。因为纠结最具杀伤力的一点,就在于它摧毁我们集中精神思考问题的能力。在担忧时,我们会胡思乱想难以稳住,从而失去正确的决断力。然而,一旦强迫自己勇敢面对最坏的情况并假定这就是事实,我们便能重整思路,摆脱杂念,并集中注意力解决难题了。

"这种方法非常有效,自那时起,我就一直用这个方法解决问题。于是,纠结几乎不存在于我的生命中。"

凯利的这个神奇方法,从心理方面来看,为何如此实用呢?因为它把我们从漫无边际充满云雾的烦恼中拉回到现实中来,这使我们能脚踏实地,看清自己的位置。如果不脚踏实地,认不清自己的处境,又怎能指望思维清楚,思路清晰?又如何发挥创造性呢?

应用心理学之父威廉·詹姆斯教授1910年就已离开人世。如果他能活到今天,听到这种面对最坏状况的方法,他也必定赞同。我怎么知道呢?因为他曾经教导学生:"要学会接受现实……"他说,因为"接受不幸的现实是克服不幸的第一步"。

同样的办法也见之于林语堂的《生活的艺术》,"心灵的平安",这位中国文学家说:"溯生于接受困境。因为它能充分发挥心灵的潜力。"

从心理学角度来讲,这能释放心灵的潜力。一旦我们接受最糟糕的状况,我们也就再无可丢弃了。这自然意味着任何情况都是收获。正如凯利先生说,"直面最糟的棘手状况,我立即完全放松,心里平静,从此以后,我才能真正思考。"

凯利先生的方法对于许多被不安全感环绕的人来说十分受用。

"我收到诈骗信了!"美国石油公司的一位工作人员讲述了他的经历,"真不敢相信这会是真事!我以为电影中发生的事,不会在生活中出现呢。

可果真如此，我收到了诈骗信！事实是这样的，我们公司有相当数量的卡车及卡车司机，但是有些司机送货时偷工减料，他们将这些剩余的油转卖给自己的客户，我对此一无所知。

"某天有个自称政府稽查的人来向我要钱，我才第一次听说这种非法的倒卖。他威胁说如果我不合作，他手上握有证据，要将证据呈交地方法院。

"我至少知道其实这没什么好担心的，当然与我个人无关。不过我也清楚法律规定公司负责人应对其员工行为负责，而且如果送交法院，就会上报纸公之于众。这种公开的负面宣传将毁坏我公司的信誉，而我是以这个事业为自豪的——尤其因为这是家父24年前一手创办的。

"我忧虑的病倒了！我茶不思饭不想，整整三天三夜不安枕，心急如焚，像热锅里的蚂蚁，这5000美元，值得付出吗？还是叫这该死的家伙滚到一边去？该如何结束这场噩梦？

"后来在周日晚上，我随手拿起一本手册，就是《如何克服忧虑》，是我在听卡耐基公开演讲训练课时发的。我开始读了起来，看到凯利先生如何面对逆境的故事，我扪心自问：'如果我不付这笔钱，这些黑心敲诈者把他们手上的证据送交给地方法院，最糟的情况会是什么？'

"最后结果是：我的事业受损。不可能坐牢，最糟也无非是受到舆论的攻击。

"我告诉自己：'好吧！事业毁掉了，就这样吧！还能怎么样呢？'

"假如事业真垮了，我还能去找个工作，那也不错呀！我相当了解油业，几家工厂可能争先恐后雇用我呢……我感觉好一些了。几天的折磨似乎渐渐消失。我逐渐平静下来……而且令我惊讶的是，我又能思考了。

"现在我头脑清醒地进行第三步——改善最糟的情况。当我思考解决办法时，完全新鲜的思考角度呈现在眼前。如果把整个情况告诉律师，他可能找出我想不到的好办法。我知道这有点蠢。从前我可没想到，但现在确实要考虑了，我原来只是一直在'担心'！我决定明天一早就尽快和律师联系。

接着我就上床，睡得像木头一样死！

"这麻烦如何了结呢？第二天一早，律师让我去找地方检察官，如实交代情况，我即刻遵办。没想到我刚讲完，检察官就说，这种敲诈案已经持续发生好几个月了，自称政府官员的人不过是个骗徒。他正被警方通缉。3天来为了要不要付这 5000 块钱，我心乱如麻，寝食难安，当我听到这个结果时真是松了一口气，如释重负。"

好了，如果凯利能从 2 万美元的合同中发现灵感，如果那个美国商人可以从敲诈信勒索中重获安全感，就是因为他们运用了"凯利的神奇方法"，那么这对你也是摆脱烦恼和纠结的答案了，不是吗？

# 第 6 章

## 压力感是自己逼出来的

在社会结构急速转型的今天,每个人都避免不了压力感。工作压力、生活压力、情感压力、时间压力……无数的压力以各种形式挤压着我们的身心。压力是焦虑之源,只有转换潜意识思维模式,才能清晰地找准压力的出口,成功地将其释放出去,重获轻松。

# 没有超负荷的工作,只有超负荷的情绪

### 情绪陷阱:真正的压力来自于不良情绪

有个科学结论可能令我们大吃一惊:只从事脑力劳动是不会令人疲乏的。听起来似乎难以置信。但几年前,科学家试图估算出人脑要集中精神多久才会有"超负荷"的疲劳,也就是为"疲劳"下个精确的定义。科学家发现,当人脑活动时,流经脑中的血液毫无疲劳迹象!可是如果从正在紧张工作的工人身体中抽取血液,其中就含有"疲劳毒素"以及疲劳代谢物。如果对爱因斯坦脑血管的血液进行化验,就会发现其中并不含"疲劳毒素"。

工作8个小时,就脑力活动来说,甚至消耗12个小时的脑力后的身体状况与工作前并无明显差异,头脑是不会疲倦的,可是到底是什么使你感到疲倦呢?

心理学家声称,人们会感觉倦怠主要来自心理态度及情绪状况。著名的英国心理学家海菲德在其著作《心理的动力》中提出:"我们的倦怠感绝大部分来自于心理状况,因生理产生的纯粹疲倦是很少见的。"美国著名的心理学家布利尔阐释得更加清楚透彻。他说:"身体健康的工人感到疲倦的原因,百分之百是由于心理作用,也就是情绪性因素。"

什么样的情绪促使工人感到疲乏易倦呢?是快乐?是满足感?不!肯定不是的!而是呆板、满腹怨气、厌恶、被忽视的感觉,焦急、烦躁及忧虑的情绪——这些情绪使人疲惫、易患感冒、生产能力下降,并把神经性头痛带回家。确实,之所以感到疲倦,完全是因为情绪引起生理方面的应急反应。

在谈论"疲倦"的小册子中大多数保险公司也指出:"工作辛劳,很少会引起恢复不过来的疲劳……心烦意乱、神经紧张、情绪困扰才是引起倦怠的三大主因。人们总是指责体力或是脑力工作是原因,请记住,紧张的是工作中的肌肉,平时放松,才能节省精力,对付关键的任务。"

现在立刻停下手里的工作,做个自我检查。在阅读这几行字时:是否眉头紧皱?双眼觉得酸痛吗?是在椅子上轻轻松松地坐着吗?你的双肩耸起吗?面部肌肉紧绷吗?只要全身放松,像个布娃娃就好了,否则你现在就在让神经及肌肉紧张,正在制造疲劳。

为什么人们会下意识地产生这些无用且有害的紧张呢?乔瑟林说过:"我发现最主要的心理阻碍……是世上所有的人都相信工作努力必须表现出一种很费力费心的感觉,否则事情不算办得好。因此,精神集中时就会皱眉,耸着双肩,使我们的肌肉进入一种'费力'的状态,其实这对我们的思考毫无裨益。"

**放松!努力放松!**

可悲的是:许多人在金钱方面非常节俭,却毫无节制地奢侈透支自己的精力。

这属于精神倦怠,我们该如何处理呢?答案是放松、放松、努力放松!在工作中学会放松。

这个过程似乎很简单,但对你来说可能很不容易。可能你一辈子都得为改变这种不良习惯而努力，不过这种努力是物有所值的，因为这可能改变你的人生并有巨大的变革作用。威廉·詹姆斯在他的论文《放松的佳音》中说："美国人紧张过度、生活无规律、躁动不安把自己搞得喘不过气来……其实所有这些都是坏习惯。"紧张是一种习惯，放松也是一种习惯。坏习惯当然可以改正，良好的习惯也可以培养。

怎样才能放松？是从放松大脑开始，还是从放松神经开始？都不是！首先要放松你的肌肉。

让我们试试，比如先从眼睛开始放松，先读完这一段：往后仰，轻轻闭眼，心里对自己说："放松！放松！不紧张了，不再皱眉了，放松！放松！"重复、重复，至少坚持一分钟……

有没有发现，几秒钟后眼睛开始接受你的指令，紧张开始消除，确实这么神奇，在一分钟内，你已体会到放松的秘诀。下巴、脸部肌肉、脖颈脊椎、肩膀及全身都可以运用这个方法。芝加哥大学的雅库森博士非常大胆地预言，只要你眼部肌肉能放松，一切烦恼皆可避免！眼睛在消除精神紧张方面至关重要，主要是因为双眼消耗了人整个身体四分之一的精力，许许多多视力正常的人饱受眼睛紧张的痛苦，就因为眼睛很容易疲倦。

著名小说家维琪·鲍姆在其童年时代，曾经有人给她上过使她受用终生的一课。有一次，她从高处摔下，膝盖跌破了，手腕也受伤了。一位曾做过马戏团小丑的老人抱起她，对她说："你受伤完全是因为你的全身太僵硬，你必须想象自己非常柔软，像个软布袋。来！让我教你怎么做。"

那位老人从此教维琪还有其他孩子学习如何有技巧地摔倒、翻筋斗。而他不断提醒："想象自己是个软袋子，你就会完全放松！"

在任何地方你都可以放松自己，只是不要勉强去做。放松是一种无紧张不用力的状态。心里想着放松，从眼部及面部的肌肉开始放松，反复数次并告诉自己："放松……放松……放松。"用心体会紧张力量从你的面部肌肉回到体内，想象自己如同婴儿般放松。

声乐家寇奇也是使用这种方法的。寇奇在演出前，总是坐在椅子上放松面部肌肉，下巴松得就像悬挂在那里。这样做，使她在上台演出前就免除了紧张情绪，也等于驱除了疲劳。

以下有五点建议帮你放松：

1. 读一本关于放松的好书，如大卫·芬克博士的《摆脱紧张，彻底放松》。

2. 任何时候都应放松，抓紧零碎时间。在工作的间隙，尽量使自己从之前的紧张状态中抽离出来。泡杯咖啡，或者到附近走走。适当的放松绝不会影响工作效率。

3. 让自己工作得舒服些吧！记住，肩膀酸痛或疲倦乏力都是因身体紧张造成的。

4. 每天至少提醒自己四五次："今天安排的工作是否过重了？在工作中用不上的肌肉我是不是也使它紧张了？"

这样可以帮助人们养成放松的习惯。正像芬克博士所说的："越了解心理学，越知道习惯对人的重要。"

5. 结束一天的工作时，问自己："今天我到底有多累？如果我觉得累，一定不是用脑过度，而是因为做事的方式不对。"

## 从现在开始，"浪费"时间

### 鱼or熊掌？

许多拥有远大的目标，并"正在一步一步向上爬"的人，往往都会遇到同样一个问题，那就是在繁重的工作的压迫下无暇顾及自己的生活，更没时间去陪伴自己的家人。甚至有些抱着很大的事业心的人，他们认为做任何与工作无关的事情都是在浪费时间，浪费生命。许多成功人士都会因为没有时间陪伴家人而渐渐地患上抑郁症或者心脏病，而那些将所有时间都奉献给工作的人，要么最后心力交瘁而死，要么最终走上失败的道路。

一位女创业者告诉心理医生，在她醒着的时候，几乎百分之九十的时间都花在了工作上——连吃饭的时候都在工作。由于她没有时间陪伴丈夫，丈夫几年前就与她离婚了，而她将自己两岁的儿子寄养在母亲家，几乎一年才去看孩子一次。上一次回去看儿子，他已经几乎不认识她了，而母亲对自己也心怀不满，她忽然觉得十分疲惫，十分孤独。她想要抽出时间陪伴家人，可是繁忙的事业不允许她有丝毫懈怠；她想要放弃事业，但是这样一来，她几年来的努力就白白浪费了。她为此感到非常痛苦。

事实上，与这位女士情况相同的人非常多。他们常常面临两难的局面：是选择事业，还是选择家庭。那么，这种两难的问题是否真的无法解决呢？我们一定要为了一方而舍弃另一方吗？

其实，这个问题的关键并不在于家庭和事业的取舍，而在于对工作的规划和安排。我们完全可以两者都拥有，只要我们懂得如何安排自己的工作。我们总是认为自己的工作太过繁杂和沉重，却很少去思考如何将它梳理顺畅，更不会去琢磨哪些工作是完全没有必要的。为了提高效率，我们总是不顾一切地投入到工作中，不去思考一切其他的东西，然而，这种毫无章法的工作反而会使我们的效率降低，负重增加。

下面是一名心理医生的手记，来访者是一名建筑工程师，我们暂且称他为M先生。

M先生向我抱怨说工作实在太忙了，根本没有时间来放松放松，更不可能抽出空来陪伴家人。前不久，他生了一场病，一出院，又开始忙着工作。他觉得自己已经吃不消了，而妻子和孩子也为此对他生出怨言。他虽然无比委屈，但又无言以对，因为他的确没有好好地陪伴过家人。

听完他的话，我建议他每周六抽出一天去陪伴家人，可以去进行户外烧烤，可以去湖边度假，甚至就待在家里帮妻子整理整理房间，修剪修剪草坪。无论他工作有多繁重，他必须抽出这一天的时间来。他接受了我的建议，结果，你猜怎么样？他现在的状态好极了！他与妻子和孩子的感情越来越好，身体状况也大大改善了。为了腾出周六的时间，他要求自己必须在规定的时间内完成自己的任务，因此，他在工作时总是更加集中精力，这样一来，虽然他花在工作上的时间减少了，但是完成的工作量却比以前还要大。他将那些不必亲力亲为的事情都安排给自己的助理，将一些无须重点处理的事情迅速完成，把更多的精力和时间花在有意义的工作上。这样一来，他在无意中也养成了规划工作任务的习惯。他告诉我："虽然我会抽出一部分时间去思考应该如何安排工作，但是这部分时间并非白白浪费了，相反，它是我工作的重点，它给我带来了极大的帮助。"

不仅如此，他在陪伴家人的过程中，由于心情无比放松，而且感受到了郊外的诸多美景，他的创意也比以前更加新颖，他的思路终于打开了。他总是能够萌生出许多别出心裁的想法，这对他的工作成绩起到了决定性的作用。

当你觉得自己的工作量过大，负荷超重时，不妨仔细思考一下你的工作过程，你很可能会发现，你总是在碌碌无为。这时，你可以果断地结束自己一天的工作，储存精力以投入到第二天的工作中去。在尽情地放松过后，我们会对工作更加有兴趣，也就自然而然地提高了工作效率。

### "浪费"时间≠拖延

对许多人来说，在繁忙中抽出一点时间来放松，是一件再奢侈不过的事了，他们甚至认为这是最大的浪费。然而，我们应该明白，适当的休息与工作同样重要，只有满足了身心的享受，我们才有可能更专注于工作。因此，当我们无论如何都无法完成工作，那么不妨试着让自己休息片刻，要知道，这并非浪费时间。

银行家J先生，与许多杰出人士一样，他不知道怎样"让自己轻松下来"。他的理念是"将每分每秒都花在刀刃上"，因此，即使在私人时间，他也总是将日程安排得满满的。当然，塞满他生活的并非全部是工作，但是即使对娱乐活动，他也总是严格地进行安排。他所安排的内容包括网球、跑步、看书、滑雪等——虽然他最想做的事情只是在阳台上躺着晒晒太阳。他总是一件事情接着一件事情地去行动，让自己没有丝毫喘息的时间。即使他在阳台上躺着晒晒太阳时，手里也捧着一些书籍。他的大脑一直处在高度的运转中，就算在与爱人亲密时，他也在思考着"更重要的事情"。他对自己的生活有着严格的规定，将自己的时间安排得异常严密，因此，即使只是进行娱乐性活动，对他而言也是非常急促、非常紧张的。

了解了他的情况后，心理医师让他试着"浪费"10分钟。在这10分钟内，他什么都不用做，只是静静地坐着，闭上眼睛。他可以胡思乱想，也可以发呆，但是不能有任何其他行动。经过这10分钟，他终于鼓起勇气承认，他之所以将放松看做是在浪费时间，只是出于某种心理原因。他以前把工作和生活安排得太紧促，只是由于他认为放松对他来说毫无裨益，他太希望证明自己生命的意义了。然而，这种做法让他感到了很大的压力，他的神经总是紧绷着。最后，他说道："也许'浪费'时间比透支生命要强得多。"

他开始相信，放松也是很有必要的，并试着分析以前的那些做法，对自己进行反思。他试着使自己的工作与生活的节奏更加缓慢，让自己享受更多的私人生活。慢慢地，他从中找到了不少乐趣。他依旧很充实，却感觉不到压力了。一年之后，虽然他的日程表还是排得很满，但是他已经学会了平衡自己的工作和生活，也能够尽情地享受那些闲暇时光。现在的他总是一副神清气爽、容光焕发的模样。

当然，无论什么事情都是过犹不及的。如果将这种"放松理念"过于夸大，甚至走向极端，变得游手好闲，也是不可取的。如果你总是懒散地对待工作和生活，养成习惯性拖延症，长期积压下来的任务可能会将你压垮，你的焦虑症状反而会加重。

总的来说，要想为自己的生活多腾出一些时间，就必须在工作上少花一些时间，也就是说，提高自己的工作效率，或者减少自己的工作量。如果你尽了一切努力，仍然无法使自己放松，那么就应该来考虑一下是否能够改变自己的工作状况，比如，换一份工作，要求招聘一名助手，或者请求上司减少你的工作量。

## 你的工作日程里有"休息"这项吗？

任何一位医生都会跟你说，倦怠使身体的抵抗力降低了，使人易于患感冒，或受到其他各式各样疾病的困扰；医生还会告诉你，倦怠使你无法抵抗恐惧及担忧的情绪。所以，避免疲倦显然也能避免心烦意乱。

其实，避免心烦意乱只是一种温和的说法。雅库森博士曾就这方面写了两本书——《慢慢放松》和《你必须放松》。作为芝加哥大学门诊病理实验室主任，多年来他一直在研究，把放松身心作为医学治疗的一种方法。他主张"在身心完全放松的条件下，任何神经性或情绪性的问题绝不可能产生"。换言之，"只要能放松，就不可能继续忧虑"。

消除倦怠与烦恼的首要秘诀就是：充分休息，在疲倦之前就应休息。

休息真有这么重要吗？的确如此，因为疲劳的加速度实在是惊人。美国陆军多次测试结果表明，即使精力充沛的年轻人——而且是受到陆军严格培训出来的年轻人——在卸下装备，以及每小时10分钟休息的情况下，操练的效果会更好。因此，美国陆军就制定了这个硬性规定。像美国陆军一样，你的心脏也应该如此敏锐。人的心脏每天把足够的血液输送到整个人体，在24小时内心脏所消耗的动力足够将20吨煤输送到3英尺高的平台上。它日复一日地如此运作，可能要运输五六十年甚至90年。心脏怎么能坚持这样呢？哈佛医学院教授凯侬医生解释说："人们都以为心脏是全天不间断工作，从不停息的。其实不然，每次收缩后，心脏都有一段休息时间。如果以正常的每分钟70次脉搏为标准，心脏每天实际工作时间为9个小时，说得确切一点，它每天休息的时间为15个小时。"

第二次世界大战时，丘吉尔已年届70岁，还每天工作16个小时。丘吉尔的秘诀是什么？他每天在床上工作，到早上11点才起床，他在床上阅读报告、下达口令、打电话，甚至在卧室召开重要会议。午餐后，他会午睡一小时。当工作十分繁重时，他还会采用猫儿打盹式的方法弥补睡眠。小憩是他舒缓身心的方式之一。他不需要驱除疲劳，因为他根本没有疲劳，他已经事先防止了疲劳。由于他经常休息，才能保持头脑清醒地工作到午夜。

洛克菲勒也曾打破两项特别纪录。首先，他是当代财富积累最多的人；其次，他达到98岁高龄。他是怎么做到的呢？主要的原因是他有长寿的遗传因素。另外一个重要原因，是因为他每天中午在办公室午休半小时，在长沙发上休息，就是美国总统打电话来，他也不会在午休时间起来接听。

乔瑟林在其杰出的著作《为何疲倦》中说道："任何事都不做并不是休息，休息就是恢复。"短暂的休息有消除疲劳的奇效，即使睡上5分钟，疲劳也能消除！棒球老将柯尼·麦克说，如果在下午的比赛前，他不能午休片刻，他甚至都支持不到第五局，不过只要能打个盹儿，即使只有5分钟，比赛延长他也不会觉得疲劳。

在麦迪逊广场旁的私人更衣间，金·奥特瑞接受记者的采访。他是当时著名的牛仔演艺明星，记者注意到他的更衣间内放有一张简易床。金·奥特瑞说："我每天下午躺在那儿，午睡一小时。在好莱坞拍戏时，我常躺在摇椅上休息,每天休息两三次,睡10分钟,对我恢复精力很有帮助。"

亨利·福特直到80岁高龄,精神还十分抖擞。他很懂得如何让自己保持松弛状态,他说:"我能坐着,绝不站着;能躺着,也绝不坐着。"现代教育之父荷瑞斯·曼,年事渐长后也采取同样的办法。他曾任大学校长,在接见学生时,他有时甚至是躺在长椅上接见的。

一位好莱坞导演也试过这个办法,觉得确实有效。他的职业让他经常精疲力竭,他曾经尝过很多法子,矿泉水、维他命、药物都不起作用。私人医生当时建议他每天给自己放个假,怎么办呢?与编剧开会时,躺在长椅上,轻轻松松地主持。两个月后,他说对私人医生说:"真是神了,从前我组织编剧们开会时,总是坐在椅子上,神情紧张,表情严肃,现在躺在长沙发里舒服地开会,感觉好棒,现在我一天的工作时间比原来长了两个小时,而且我一点也不觉得疲倦。"

这些是否对你有什么好处呢?假如你的职业是秘书,你肯定不能像爱迪生那样随意在办公室说睡就睡;假如你是一名会计,也不能躺在沙发上和老板讨论公司的财务情况。不过,你吃过午饭后,可以稍作休息,哪怕只午休10分钟。马歇尔将军就是这样利用这段时间的。战争期间,他指挥美国陆军作战,肩上的担子实在繁重,所以他每天都要午休。如果你已年过半百,觉得这种调养是没必要的,那最好尽快买下所有人寿保险,现代丧葬费用开销很大,而且还能为你太太留笔遗产。

如果你中午实在没时间午睡,至少在晚餐前可以躺一个小时。这样的效果很好,且比一杯餐前酒来得便宜,而且稍事休息,工作效率会倍增。如果晚餐前,你能休息一小时,几乎是增加了保持一个小时清醒的时间,饭前睡一小时再加上睡眠6个小时——共7个小时——这样会比连睡8个小时恢复的精神好。

再提醒大家一点,休息次数越多,工作效率就越高。在紧张的工作节奏中能找到一些间歇的时间休息,哪怕是5分钟,也非常有助于精力的恢复和再次集中。

## 责任感"爆棚"就能得到认可吗?

罗杰是个小男孩,虽然他似乎与其他孩子不太一样。他看起来聪明可爱,但稚嫩的脸上却总是有着与年龄不符的忧郁表情。在学校里,他也总是郁郁寡欢地待在角落里。负责罗杰这个班的心理老师试图与他接触,与他探寻这种忧郁的来源,结果令老师大吃一惊。

他是家里最大的孩子,在他3岁时,他的家庭中又添了两个弟弟妹妹。于是,一开始凝聚在他身上的父爱与母爱,不可避免地被分了出去。

从小他就是沉默寡言,比起同龄人来说,看起来更加懂事。他的父母也因此将更多的爱倾注在更小的孩子身上,渐渐地,他觉得父母越来越不喜欢自己,关注自己,于是他也将自己关在心中小小的房子里。

他的童年笼罩在父母和弟弟妹妹的阴影下,他觉得自己不够可爱,不够聪明,有很多的缺点,甚至有时候会认为自己低于弟弟妹妹一等。在他渐渐长大,上了小学之后,这种感觉并没有消失,而是随着他在班级中不受同学欢迎、不受老师喜欢而逐步加深。

这就是他忧郁的原因。他告诉心理老师:他觉得自己在智力上有着缺陷,对做任何事情都提不起兴趣来。"我做不好的,我知道。"他这样自嘲着说,"我肯定做不好,而我一旦做得不好,就又会让他们失望了。"

与小男孩类似的人很多。这类行为在正常人看来几乎等于自虐:他们将所有的痛苦的来源都归结于自己的无能,产生自暴自弃的念头;经常把"我真不应该"、"我本来可以"、"早知道我应该"这样的话挂在嘴边;他们的内心自卑,常常会觉得自己比不上他人,所以一旦出现问题,就会坚信责任在自己身上，内心充满了愧疚感，从而不会思考他人或者是社会的责任。

这对于其他人来说也许是好事，但是，这种包揽责任的行为，对周围的环境，对包揽责任的人来说，并不是一件好事。他们会把周围的人惯坏，也会让自己背负起沉重的压力。这种压力会越来越大，直到像是放在骆驼背上的最后一根稻草一样，将他们完全压垮。

积极地承担责任，这是一个人所应该具备的高尚品格。但如果不由分说地将责任全都扛在身上，则会让自己的内心负重过度。

麦克正是这样的人。他风趣，幽默，善于律己，身上具备了英国绅士的绝大部分优点。但是麦克在公司里，却混得并不如意，他从事的职业是机械调配，手下还有好几个实习生。

同事们常开玩笑说麦克具有做保姆的潜质，他对跟着自己的实习生，总是像母鸡护着小鸡那样。不管他的实习生出了什么问题，麦克都会把责任揽到自己身上。他认为自己是导师，对这些刚从大学里出来的菜鸟有照顾他们的义务。

麦克工作很勤勉，另外，他在实习生中的口碑还不错，有一个"老好人"的绰号，只是这一切都无法挽回总裁对他的坏印象。所有的导师中，只有他总是出这样那样的问题，很多还是实习生才会犯的幼稚错误。

"麦克，我想你应该再去学校进修一下，我们这里需要的是能够给菜鸟指导的导师，而不是自己总是犯错误的人。"当总裁找到麦克谈话时，他所说的话，让麦克目瞪口呆。

"我想您是误解了……"麦克试图辩解，就在昨天，他所担负的那份责任，实际上是因为他手下的菜鸟所犯的错误。他看向那个年轻的实习生，希望他能站出来为自己说两句，但是让他失望的是，不止那个实习生，他所有的实习生都低下头……

"我不希望看见你推卸责任。"总裁皱了皱眉头，"麦克，你被解雇了。

如果你进修后的专业水准能够达到公司的要求的话，我想我还是愿意聘请你的。"

当麦克找朋友诉说这一切时，朋友拍了拍他的肩膀说："老朋友，难道你不认为这是你自己的原因么？"

"我的原因？"麦克瞪大了眼睛，"我这么对待他们，可是他们连一句话都不站出来为我说！我认为我做得问心无愧！"

可怜的麦克，他始终没有意识到：之所以会导致这最后结果，确实是他咎由自取。他大包大揽地把属于其他人的责任扛在了肩上，让那些实习的菜鸟养成了不负责任的习惯。在关键时刻，他企图看见他们站出来，扛起自己的责任，不过这显然是奢望。对于被惯坏了的孩子，他们已经习惯于将问题抛出去了。很有可能他们不会感谢麦克，还会埋怨他多管闲事。

我们既要勇于承担责任，又得明智地拒绝不应该由我们来承担的责任。

## "独行者"的困境

许多人对于寻求他人的帮助怀着十分矛盾的心理。他们无法只依靠自己的力量去完成一项任务，希望得到外界的援助，可是又开不了口找人帮忙，因为这会让他们感到无比羞愧。许多人坚信自己能够单枪匹马完成所有的事情，如果依靠他人才能完成，对他们来说就是一种失败，会让他们颜面尽失。由于某些传统观念的影响，一些人甚至认为寻求家族之外的人帮助简直就是一件羞耻的事情。对他们来说，帮助就等于拯救，而他们不想变成等待别人拯救的可怜虫。事实上，帮助并不意味着拯救，被帮助也并不代表没有能力，因为任何人都不可能仅凭自己的力量做好一切事情，即便是最伟大的人。

外界的能量是无限的，如果我们将自己锁在一个小圈子内，无论才学有多么广博，能力有多么强大，我们都不可能发挥出个人最大的价值。因此，我们应该摆正自己的想法，试着去以最理性的方式寻求他人的帮助。要知道，我们只是利用与他人的关系来帮助自己采取行动，这本就是我们自身的一种能力。接下来，我们就来看看几种寻求帮助的方法。

1. 选择合适的援助者。我们周围有着许多热心肠的人，只要我们向其寻求帮助，他们一般都会带着满腔的热忱毫不犹豫地来到我们的身边。然而，有些人虽然秉持着善意，却并不一定具有长远的见识和缜密的思维，他们的热情可能会让我们更加手忙脚乱，他们的帮助可能会给我们带来不必要的麻烦。如果你向一个无法控制食欲的人寻求健康减肥方面的帮助，他绝对不会给你带来什么好的建议。那么，在如此庞大的社交圈中，我们该如何选择一个对我们最有帮助的人呢？

我们所选择的援助者应该具有这样的性格和品质：（1）心存善意；（2）能够给我们鼓励；（3）不会妄加判断和指责；（4）务实；（5）专注于我们目前遇到的问题；（6）能够支持我们的想法，从我们的角度看待问题。

我们通常都会将选择的范围缩小，因为我们总是习惯求助于自己最亲近的人，比如我们的父母、配偶、兄弟姐妹。然而，我们经常会发现，他们给我们的帮助通常无法解决实质性的问题，甚至彼此矛盾。一位女学员曾说："每次我在工作中遇到麻烦，我都会回家告诉我的丈夫，我觉得他能够给我所有的帮助，他一定能够将问题解决好，然而他却总是责备我，而不能给出什么建设性的意见。不过，我还是习惯了找他帮忙。"

当你遇到一件无法解决的事情，不妨首先去想想，这件事情找谁帮忙最有用。在你周围，有没有这样一个朋友：他考虑全面，心思缜密；他总能够一针见血地说出问题的实质和根源，并恰到好处地提出建议；他会向你问一些具有挑战性的问题，帮你整理思路。如果你能够向这样的朋友寻求帮助，那事情就好办多了。如果你的一个朋友总是怀疑你的想法，质疑你的观点，并以尖利的语言攻击你，那么即使他的思维再敏捷，你也不会从他身上获得有效的帮助。

当然，我们跟一个对自己有帮助的朋友讨论问题时，应该放开心胸，仔细聆听他的想法，不要处处与他争辩。当我们全面了解了他的想法后，我们总能够从中找到一些有益的观点和信息。

2. 处在困境中时，与他人交流。即使你遇到的困难严重到有了外界帮助也无法完美解决，你也不应该将自己封闭起来。当你的大脑因为这件麻烦事而僵化时，你应该寻求外界的帮助。有人曾这样说："当我处在困境中时，我就想一个人待着徘徊。我非常厌恶自己，也不想与任何人说话。再说，他们又能怎样帮我呢？"

我们的大脑太需要别人的支持与鼓励，尤其是当我们陷入深深的自责和失望时。也许他人给不了我们实质性的帮助，也提不出什么好的建议，但是如果我们与他们交流，至少可以获得他人的支持。他们会告诉我们："这一切都会过去的。"在关键时刻，这句看似不足为奇的话可能会给我们带来巨大的鼓舞。此外，别人对我们现状的客观评价，对整个问题的冷静分析，也会在某种程度上让我们得到启发。

3. 与他人合作。合作的概念很简单，那就是相互鼓励，一起工作，共同完成任务。合作是一种相互的帮助，它能够让我们从实际出发，共同采取行动。事实上，相互合作的方法比仅仅去交流要有用得多。如果两个人一起去完成一项任务，要比一人独立完成容易得多，因为相互鼓励和比较能够让我们更加乐观、自信，保持热情。当然，我们所说的合作，意思是两个人是平等的关系，谁也不是谁的副手，这样，我们就不会将责任全部推卸给其中的一方。

席亚丽打算写一部小说，她已经想好了这部小说的大致故事情节，列好了框架，但是迟迟无法动手。这是她的第一部小说，她认为自己无法单独完成。在一位朋友的建议下，她打算与一名同样对写作很有兴趣的朋友合作。为此，她们打算每周见两次，交流这本小说各方面的问题。这样一来，席亚丽的动力就大得多了，也有了方向感。她们定下这样一个计划：席亚丽每周将稿件拿给朋友看，这位朋友提出一些意见，并帮助修改，最终必须保证小说有趣味性、思想性和可读性。

这个方法的效果不错，席亚丽几乎是一气呵成地完成了这本著作，并且整部小说比她所设想的还要精彩。接下来，在两个人默契的配合下，这部小说的出版工作也进行得相当顺利。后来，席亚丽与朋友以这种合作方式创作和出版了好几部著作，两人都成为了颇有名气的小说作者。

现在并不流行"孤胆英雄"，也没有任何"独行者"能轻松地到达终点。因为一个团体或者组合的力量要远远大于个人的力量。我们都明白"1+1>2"的道理，然而事实上却很少有人愿意真正去尝试，仿佛某件事情一旦与他人合作，我们的成就感就大大降低了。其实，在对方的监督和鼓励下，我们的过程往往会顺利很多，我们所创造出的价值也会大得多。因此，在完成某件事情时，必须保持独立的思想和信念，悉心听取他人意见，如果依然难以出色地完成，不妨寻找一个志同道合者一起合作吧。

4. 寻求奖赏。我们说过，支持和鼓励所激发的力量是无限的，所以，寻求奖赏也是一种寻求帮助的不错的方法。虽然对我们来说，取得进步本身就是一种不错的奖赏，但是如果能够获得他人的奖赏，效果会更显著。

*莉莉是一名服装设计师，她与丈夫之间有这样一个有趣的约定：每当她做出了一项出色的设计，丈夫就会与她去她最中意的那家餐厅共进晚餐，或者与她去观看一场电影。她的心中有着这样的期待，在完成任务时就会动力十足，无论事情有多么艰难，她都不会被压力打倒。*

我们可以这样理解,除了"完成任务"这个目标外,莉莉还给自己定下了一个非常温馨的目标,那就是"与爱人共进晚餐或者观看电影"。当她的目标变得更加有趣,更加浪漫,她就会觉得前路一片光明,从而更加出色地完成任务。

想要摆脱孤立无援的处境很简单,但是我们必须做到两点,那就是寻求和接受。我们应该学会寻找最合适的人,向其求助,并带着耐心与感激接受帮助。当然,要做到这两点,首先就必须放下自己"唯我独尊"的高姿态和"寻求帮助就等于失败者"的偏激想法。只有我们懂得放低自己,养成以合理的方式去寻求帮助的习惯,我们才能够将外界能量吸引过来,变成真正成功的人。

## 你并不是唯一的不幸者

在电视剧《绝望的主妇》中,有这样的剧情:

丽奈特被自己的几个孩子搞得筋疲力尽,为了让自己有精力应付这些孩子,她吃了原本是要给孩子吃的、用来治疗他们多动症的药,为的就是让自己变得亢奋。可是,时间一长,她形成了药物依赖。

当苏珊和布里找到丽奈特时,她正独自坐在足球场上,身影显得那么的疲惫和寂寥。

丽奈特:我吃药是因为它能够让我充满活力。但现在,我在晚上也兴奋得无法入睡,到白天我又筋疲力尽,完全日夜颠倒了。我很爱我的孩子,有我这样的母亲,他们真不幸。

布里:丽奈特,你是个好妈妈。

丽奈特:不,我不是,我无法担负起一个母亲的责任,我厌倦了接连不断的失败，这实在很丢脸。

苏珊：不是这样的，就算你对治多动症的药上瘾了又如何？这种事常发生。

布里：你有四个孩子要照顾，压力很大，你只是需要点帮助。

丽奈特：这才是丢人的地方，其他母亲都不需要帮助，她们都能轻松地照顾好孩子。我却只知道抱怨。

苏珊：那不是真的，当朱莉还年幼的时候，我几乎每天都像疯了一样。

布里：没错。当安德鲁和丹尼尔还是小孩的时候，我总是很紧张，经常在他们午睡的时候哭泣。

丽奈特（开始哭泣）：你们怎么从来不告诉我这些？

布里：哦，宝贝儿，没有人愿意承认自己招架不住压力。

苏珊：我们只是觉得，放在心里会更轻松一些。

丽奈特：哦，不对，我们应该把这些都说出来。

苏珊：这对你有用吗？

丽奈特：是的，这真的让我感觉好多了。

上面的这段对话是一次十分有效的心理治疗，我们称之为"普遍性"心理疗愈。这种疗愈方法是"团体心理治疗"的一种，治疗者会告诉求助者，他的问题是常见的、暂时的、每个人都会遇到的困境，而不是无法控制的、个别的灾难。

团体心理治疗是人本主义心理治疗的一种形式，是利用集体的形式和氛围来帮助人们改变其适应不良行为或解决心理问题的一种途径。它试图创造适当的人际环境，使团体的每个成员能最大限度地利用个人的潜能，消除心理障碍，以达到自我实现的目的。比如，在许多国家和地区的戒毒所，都会安排一种"戒毒互助会"，这就是团体心理治疗的典型运用。在治疗的过程中，让那些在戒毒过程中受到心理困扰的人聚集在一起，相互交流感受，相互督促、鼓励、诉说痛苦。这种强大的氛围能传达给患者（戒毒者）一个信息——他不是一个人在与苦难抗争。

**个体与现实的统一：人本主义疗法**

人本主义心理学理论是继精神分析和行为主义理论之后，出现于20世纪60年代美国越南战争以后，那个充满了喧嚣、嘈杂、不信任和逃避的时代的心理学理论。越南战争给普通老百姓带来了极大的心灵创伤，人们开始觉得无论是精神分析理论还是行为主义理论，都忽视了人性中一些非常重要的东西：人的价值、潜能、自由、尊严。

在这种情况下，人们需要一种新的心理学理论，由此人本主义者开始了一场被称为"第三势力心理学"的运动。他们提出要实现人们的全部潜能，要更加强调人的独特性及其积极的一面，而非消极的方面。

人本主义学派的著名心理学家罗杰斯（Carl R. Rogers）对自我概念进行了最为系统的描述，他认为每一个个体都存在于以个体为中心的经验世界，其中包括有I（主语的我）、me（宾语的我）或myself（我自己）。个体最基本的奋斗目标是指向自我维持、自我提高和自我实现。

人本主义观点认为，关键是每个人根据自己的经验和评估发展自己的价值观，而不是盲目地接受其他人的价值观，否则，人们就会否认自己的经验，失去与自己感受的联系。为了使自己作出恰当的评估和选择，需要对自己的认同有一个清晰的感觉——发现我们是谁，我们想成为何种人，以及为什么。只有这种方式才能使人们达到自我实现，即人们可以充分发挥自己的潜能。

当外界的评价条件对一个人的行为越来越具有控制性时，则个体的行为和他的真实的自我之间就会产生裂痕。人会自动地通过对感觉的歪曲来掩盖这个裂痕，否认存在于自我和现实之间的矛盾。

很多人都觉得自己是世界上最不幸的人，总是觉得自己的痛苦是世界上独一无二的，总是感叹"为什么就我这样痛苦不幸"。其实每个人都有不同程度的心理问题，每一种痛苦和心理问题都能找到很多"同道中人"。没有谁是"世界上最不幸的人"。无论你多么不幸，总有别人和你一样不幸甚至更不幸。但人们活在自己的小小天地中，经常看不到这一点。

团体心理治疗的形式，就非常适用于消除人际交往障碍及其他社会适应不良行为。治疗目标在于说服人们降低社会性障碍，使他们能丝毫不受防御机制阻抑地揭示自己核心的情感，即暴露真实的自我。

在团体治疗领域，欧文·亚龙是代表人物。他的很多论述和观点都体现在他所撰写的《团体心理治疗》一书中。他组织过很多次职场人士参加的团体治疗，有人会首先诉说自己在职场中遭遇过的各种不愉快经历，特别是初入职场的新人，遭到老员工刁难，领导压制，客户不买账等等，他总是因此怀疑自己的能力，人也日渐孤僻、沉闷。结果，他的一番话引起了在座其他组员的共鸣，他的遭遇也是其他人的共同遭遇。大家你一句，我一句地向周围人倾诉着压抑在心底的痛苦。分享过后，大家都感到放松下来了："原来不是只有我自己遇到过这样的问题，大家都一样！"

我们每个人都习惯于只关注自己的经历，每当遇到困难时，常常会给自己"我怎么那么没用"、"没有人在乎我"、"我是最倒霉的"这样的自我暗示。与此同时，各种焦虑、悲观情绪也就随之产生。有些人会及时与亲人、朋友倾诉，使负面情绪得以缓解，但还是有很多人因为把一切都憋在心里而无法排解内心集聚的负面能量。团体疗愈就是要帮助我们说出来，不只是说给心理疗愈师听，更是说给身边的人听。你会发现，在袒露内心的同时，也能帮助到其他人。在这个"自助—他助"的过程中，我们得到了解放和治愈。

# 第 7 章

## 不焦虑行为养成法,告别"压力山大"

心理状况可以决定行为模式,反过来,行为也可以影响人的心理。高效的工作模式、有序的生活状态可以极大地减少焦虑的产生。这很容易理解:一个能够快速、出色地完成所有任务的人,是不会对工作产生压力感的。

## 行为对情绪的反向影响

**90%的行为方式都是由习惯造成的**

人是一种习惯性动物,无论我们愿不愿意,习惯总是无孔不入,影响着我们生活的各个方面。有调查表明,人们日常活动的90%以上都是由习惯决定的。我们很少去进行什么特殊活动,我们每天所从事的活动也只是习惯。我们早上按时起床、洗漱、读报、吃早餐、开车上班……虽然我们每天的行为非常多,但大都是习以为常的。虽然这些小小的习惯看似不起眼,但它们对我们的影响十分深远。

一个总是将袜子乱扔或者出门总是忘记锁门的人,生活很容易变成一团乱麻。培养良好的习惯才能构建正常的日常行为规律,而拥有了有条不紊、符合常规的习惯,就等于为达到目标打下了坚实的基础。我们知道,心理状况可以影响人的行为,其实反过来,行为习惯也会对人的心理造成影响。

维尼是一名临床医生,在大学时,他就养成了一个好习惯,就是利用一些闲暇时间收集与专业相关的信息。在两节课之间，他会看一些医学杂志。这些杂志一般都报道医疗和临床医学方面最新的研究进展，它们不仅能够拓展维尼的知识面，还能够激发维尼的想象力和思考能力。经过大学几年的寸积锱累，维尼已经了解了除了课本上的知识以外的更多信息，当然，他也以"最具潜力的毕业生"称号顺利毕业了。

这个习惯一直被维尼带到了之后的生活和工作中。现在，每天早晨起床后，维尼都会在早餐桌旁阅读一下医疗和临床方面的杂志，这个习惯对他的工作起到了十分显著的作用。经过多年对最新专业知识的了解，他变得博学多才、经验丰富。除了专业能力受到许多病人的赞赏外，他遇事冷静、不急不躁的处事态度也深受好评。在其他人眼中，维尼是一名聪明绝顶、平易近人的大夫。

"我并不聪明，也不是天生的好性格。我想，正是这个好习惯让我感到充实，获得宁静。"维尼这样说。

习惯养成似乎并不是那么容易，因为我们的习惯早已根深蒂固。我们之所以总是让坏习惯左右我们的行为，就是因为我们为自己设定了一堵墙，也就是我们为自己强加上的那些条条框框。我们大多都局限于某种习惯性的思想和行为，很少跨过这条由自己划上的界限。即使这些不好的习惯阻碍了我们的进步，我们也很少会有勇气摆脱这条界限的束缚。

《如何掌控自己的时间和生活》的作者阿兰·拉金对这种状态做出了解释。作者这样描述自己的经历：

小时候，我曾在舅舅的农场住过一段时间。那个农场景色宜人，有各种各样的动物和植物，就像一个天然的围场。我很喜欢在农场里无拘无束地奔跑，自由地嬉戏玩耍。而我也在这段时间里懂得了一些非常重要的道理。

有一次，我和舅舅打算穿过农场。舅舅带着我走进用来防止家畜逃跑的电篱笆，我有些疑惑不解："我们怎么可能从篱笆那里过去呢？"就在这时，舅舅居然用手压住篱笆上的电线，然后抬起腿来跨了过去。

我惊讶不已，舅舅居然安全地穿过了电篱笆！直到他回头向我挥手，示意我跨过去，我也不敢直接靠近前面的篱笆。它毕竟有电啊，而且是致命的！大人们曾无数次警告我不要靠近篱笆，以致我即使在农场内恣意奔跑，从不敢向篱笆迈近一步。

舅舅看到我疑惑的神情，向我解释道："放心过来吧，篱笆没有电。以前的确是通过电的，不过，它并非一直要带电。家畜遭到几次电击之后，便能牢牢地记住这个教训，以后也再也不敢靠近篱笆了。这样一来，篱笆上的电线也就完成了它的任务。"

与篱笆内的这些稀稀松松的草相比，篱笆外那些郁郁葱葱的草一定会让家畜垂涎欲滴。然而，"篱笆很危险"这个观点已经早早地刻在了这些家畜的脑海中，它们再也不敢逾越一步。我忽然意识到，我们也会产生这种习惯性思维，从而束缚我们的脚步。这些束缚终会导致我们即使渴望更好的结果，也永远在旧习惯建成的篱笆内止步不前。

事实上，那些旧的习惯对于我们来说，也是这样一道并无危险的篱笆。我们人为地限制住了自己的思维，并将行为限定在一个框架内，始终遵循着固定的规律。那么，当这些旧习惯对我们带来了不良影响，我们就应该鼓起勇气跨过去。应该明白，过去的经验所带来的思维和行为可能是导致我们现在生活陷入混乱的罪魁祸首。

约翰·马尔斯维尔说："除非你对你每天所做的事情进行一些改变，否则，你的生活将会一成不变，毫无惊喜可言。"虽然我们想要跨过旧习惯的"篱笆"并不算容易，因为我们日常的行为太繁琐，我们不可能一时之间就彻底改掉。但是，我们不必因此而放弃塑造自己，因为每个人都有选择习惯的权利，我们完全可以有目的地对自己的习惯进行改变，构建出一套完整的、合理的行为规律。

前面提到过，我们日常活动的90%以上源于个人行为的惯性，我们会无意识地去从事这些活动，不管自己的方法对不对。这些行动似乎已经牢牢地印在了我们的潜意识中，完全无需人的指导。换而言之，我们生活中90%以上的部分都早已定格，但是这恰好又是我们能够去选择，去改变的。要知道，改变了这90%以上的部分，也就意味着我们拥有了崭新的生活，这是个一劳永逸、万无一失的方法。习惯的塑造，能够使我们从当下的生活中挖掘美好的事物，而不是怀着迷茫的心情去奢望遥不可及的东西。

## 拖延者的焦虑症

S是一名大四的学生，他的拖延症是从大二开始的。那时候，每次一到期末考试，他的状态都是这样的：

考前2个月，"还有60天，时间还早，先放松放松"。

考前40天，"时间有点紧，但我还有很多其他的事情没做完，再等等"。

考前20天，"糟糕，来不及了，现在都不知道从哪下手了，这可咋办"？

还剩10天，"完了，这次考试肯定没戏了，这次肯定过不了。早干嘛去了"？

还剩3天，"完了，完了，书根本看不进了，盯了书本半小时，一个字都没看进去"。

考试后若干天，成绩公布：57分、43分、38分……

随着时间的变化，你可以明显看出S情绪的变化，从一开始的轻松到后面越来越紧张、焦虑，直至情绪崩溃。这其实反映的就是每个人在拖延行为发生时心理活动的变化——拖延会导致焦虑，而焦虑又会让其不断延迟行动，陷入无法解脱的恶性循环。

有计划的行动者是很难因为学习和工作陷入焦虑的，他们循序渐进地追逐目标，一切都是水到渠成的。那些习惯拖延的人，才会被焦虑紧紧盯上。

L自称是一个"高效拖延者"，他承认自己拖延，但他又非常得意于自己的"高效"。不管什么事情交给他，他从来都不立即去做，一定要拖到最后一刻，但是往往又能凭借自己过人的"能力"，在最后时刻力挽狂澜，完成任务，因此他常常引以为傲，而且还会嘲笑别人效率低下。

有一次，老板交给他个任务，让他在三天内出一份策划案。他接到任务后并不着急，和平时一样和同事聊聊天，中午睡睡觉，喝喝下午茶，同事都在为他着急："就三天时间，即使现在就行动，也得加班加点才能完成，你还在等什么呢？"他一脸无所谓的表情："没事，时间还早，一个策划案而已，哪至于那么久，我的效率你们又不是没领教过。"

前面两天就这么过去了，到了第三天，他终于开始准备了。他早早地来到公司，离上班时间还早，公司里还没有几个人。他优哉游哉地去厕所方便了一下，再倒上一壶茶，然后坐在办公桌前定了定神，煞有介事地做了几个深呼吸，等准备工作都做好了，心也静下来了，他把电脑打开，资料也摊开，准备"大干一场"。

就在他准备上网收集资料的时候，却发现电脑连不上网络，检查了网线等线路没有问题，应该是公司的网络断了。但是现在还没到上班时间，技术部的同事还没来，没办法，他只能整理整理思路，先在脑子里面构思构思，等上班解决了网络问题再开始着手收集资料。

由于前两天压根没有做好准备，他很难闭门造车，凭空想出一个清晰的方案，直到上班他的脑子里面还是一片混沌。等网络部的同事修好网络，已经过去了两个小时，这期间他一点进展也没有。

时间一点一点过去，距离下午提案的时间越来越近，L的压力也越来越大。他不再像之前那么淡定了，他开始坐立不安，不断责备自己，找资料也心神不宁，越急越静不下心来。他像热锅上的蚂蚁，都不知道自己在做什么，一会胡乱点通鼠标，一会随手翻翻资料，心跳加快，感觉都要跳到嗓子眼了。

距离提案还剩最后两个小时，他放弃了，他从电脑里把之前做过的一些策划案调出来，根据这些模板东拼西凑套出了一个方案，然后交给领导应付了事。上交之后，他长舒一口气，终于在最后关头完成了，而且这样重压之下的突然轻松让他产生一种快感，就像酷热的夏天突然喝到一瓶冰镇的汽水一样。

这仅仅两个小时加工的"快餐品"，乍一看还像那么回事，毕竟是借鉴的其他项目，所以结构上还算完整。但是如果仔细一看，整个方案模棱两可，全是信息堆积，根本没有具体的数据、深入的分析和可行的计划，让人看得完全是一头雾水。

结果可想而知，领导狠狠地批评了L，还当众表示怀疑他的工作能力，这让L再度陷入自责和不安中。

有一种观点认为"压力之下会做得更好"，其实这种想法是完全片面的。研究证实，当感觉压力大时，大脑会控制神经系统自动释放出来应激激素——肾上腺素和皮质醇。当压力渐渐释放后，身体会恢复到平衡状态。如果压力过大，或者是持续时间太长，应激激素就会很快消失，不能起到保护身体的作用，从而会使人的血糖升高，影响睡眠，让身体自我修复能力受到影响，并且会破坏免疫系统。

重压之下是可能会让自己行动力强一些，这是一种自损的方式，虽然在一件事上完成了进度，但这样匆忙的状态下，很难得出好的成果。而且每经历一次这样的"绝处逢生"，对人的情绪都会产生影响，压力越来越大，焦虑越来越严重，最后可能导致对失败产生恐惧心理，排斥一切工作任务，降低行动力。

12月25日是圣诞节,在美国,每年总是有一大批人等到最后一刻才置办节日用品,因此他们不得不在商场关门前冲进去疯狂采购,而这个时候商场里往往都是爆满的状态,他们只能挤过人潮,在里面挑选之前别人挑剩下的礼物。因此,他们经常会买到有一些"瑕疵"的物品,等到第二天他们又要因此而抱怨连天,甚至还要返回商场里面要求退换货。

拖延者焦虑感完全是由个人行为造成的,对于这种类型的焦虑,从自我行为上进行要求就够了——立即行动,提高效率。

## 低效率者的职场焦虑

应该相信,如果我们能够将工作安排得井然有序,那么我们就能够拥有更多的私人时间。因此,当我们被无穷无尽的工作压得喘不过气来时,不妨问问自己:"我做的每一步都是必要的吗?"这时,我们可能会发现,我们做了许多无用功,正是这些毫无意义的事情将我们的时间塞得密不透风,害得我们将那些真正值得投入精力的事情抛到一边。而我们最终又必须完成那些真正重要的工作,这样一来,我们会被压得喘不过气来。

这种行为是一种恶性循环,具有一定程度的积累性,久而久之,我们的效率就会更加低。因此,想要抽出一些时间来为自己的私人生活作安排,就必须提高工作效率。而要提高工作效率,就应该养成在固定的时间内把能够完成的工作全部完成的习惯。要知道,工作取得的成绩并非与工作的时间成正比。

**高效工作法之一:除了手上正在处理的事情,桌上其他文件一律不放**

西北铁路公司总裁威廉斯曾说过:"桌上整洁干净的人比堆满各式文件

的人更能轻松高效地工作。我管这叫'好管家',这是提高效率的第一步。"

如果有机会,你可以去华盛顿的国会图书馆,在那里你会看到天花板上刷着8个醒目的大字,这些字出自诗人波普:

"天堂首条规则——秩序。"

秩序更应该是企业的首要规则。但是,未必能做到。一般人的办公桌上都堆放着几个礼拜都没看过的废纸。只是看到桌上一堆来往的信件、未完成的备忘录及报告等,就足以令人紧张发愁。更惨的是,这些文件不断地提醒你"还有那么多事要做,可又没时间"的感觉,不但烦人,还会让人愁出高血压、心脏病及胃溃疡来。

宾夕法尼亚州大学医科院教授史图克向全美医学会做过报告,并发表了他的一篇研究论文,标题是《神经官能症类似综合官能疾病》。在文中,史图克医生发现"患者的心理状态"下存在着11种情形。他谈到的第一种情况就是:"不管什么时候都感觉有没完没了的需处理的事。"

这种有"无止境,必须做又做不完的事"的感觉,怎么可能凭借保持办公桌整洁干净就能避免呢?

著名心理学家塞德勒医生接治过一位病人,由于运用这种简单的方法,避免了病人精神崩溃的厄运。这位病人是芝加哥某家大工厂的高级主管。他去拜访塞德勒医生时,正处于紧张忧虑的状态,他清楚自己情况不佳,却又不能就此辞职甩手不干,只有向医生求助。

塞德勒医生说:"当他讲述病情时,我的电话响了,是医院打来的,我毫不犹豫就当即作出决定。我习惯尽可能当场解决问题。刚放下电话,又有电话进来,又是一个紧急情况,我费了点时间和口舌。再一次打断我们谈话的,是我的同事找我请教有关另一位病人的问题。我处理过后,就赶快回过头来向我的病人道歉,耽误这么长时间。可是他的表情全变了,变得豁然开朗起来。"

那位病人对塞德勒说:"没关系,在等待的这10分钟里,我已经看清楚自己的问题了。回到办公室,我就要重新调整自己的工作习惯……不过在我告辞之前,能让我看看你的办公桌里面吗?"

塞德勒打开办公桌的抽屉,几乎是空的——除了一些必备的文具用品。病人又问:"告诉我,你未完成的工作放在哪里?"

塞德勒回答:"已经完了!"

"那么,没回复的信件放在哪里?"

"早都回复了,"塞德勒说,"我的工作原则是未回复的信不放在桌面上,而是立刻把回信念给秘书,让她打字。"

6个星期后,这位病人邀请塞德勒去他的办公室参观。他有了很大改变——办公桌也改变了。抽屉打开之后,里面没有一件未完成的事。"六周前,在两个办公室里我放了三张办公桌——到处堆着事情,我永远也干不完。跟你谈过后,我回来立即清除了一堆旧报告及废纸。现在我只有一张办公桌,工作一有,我就立即处理,再也没有让我紧张、烦躁不安且堆积如山的公文。出乎意料的是,我的健康完全恢复,任何不适也没有。"

"人不会因为工作过度而累死,却有人因纵欲和忧虑死亡。"美国最高法院院长查尔斯·休斯曾说,空耗自己有限的精力,无限纵容自己忧虑,永远不能使自己的工作完成,这是对人的两大危害。

**高效工作法之二:分清主次轻重,先处理重要的事**

美国一家城际业务服务公司的创始人道尔说,无论付出多少薪酬,他都愿意求得两种难觅的高级人才。

这两种稀世无价才能是:第一,有超强的思考能力;第二,能分清事务的轻重缓急。

拉克曼在12年里,从一个涉世未深的小伙子快速荣升为一家派索登公司的总裁，当时年薪10万美元，并且可同时获得额外利润百万美元。拉克曼把他的成才之路归功于道尔迪要高价求购的两种工作能力。拉克曼说："从我记事的时候起，我就每天早上5点起床，因为这个时候我最清醒，我要利用这段宝贵时间来计划当天的日程，并依据重要性排列处理事务的先后顺序。"

全美保险业务员贝特格，并不等到第二天早上5点才制订计划，他早在前一晚就计划好了——自己制定一个短期目标——销售保险额度的目标。如果当天并未达标，第二天再累积到一起完成，依此类推。

有经验的人都知道，按事情的轻重缓急办事并且持之以恒是不容易的。不过，提前订出计划，先做计划中的第一件事，绝对比随性所至、胡干一气要有效率。

如果萧伯纳没有严守这个规则，终其一生，他也不过是默默无闻的银行出纳员。他计划每天要写五页。即使在穷困潦倒的窘境下，他还是严守这个目标，每日完成五页，一下就坚持了9年，他9年的总收入不过是30元——平均每天进账一便士。即使是《鲁宾逊漂流记》的主人公鲁宾逊，在荒岛上生活，还把每小时要完成的事，订了个表格呢！

**高效工作法之三：遇到麻烦，尽快当时当地解决，切勿犹豫不决**

美国钢铁公司董事成员郝威尔特别厌恶开董事会，因为他们在董事会上总是讨论些老问题——讨论的时间倒是充分，决策却很少敲定，总是毫无结果。最后，每位董事都得捧着一堆资料回家研究。

后来，郝威尔终于说服大家每次讨论一个问题，并且当即作出决策，不准拖延时间。某些重要决定可能需要收集更多的参考资料，有些需要切实采取某种行动，有些要静观其变。反正，每个问题都有了相应的解决办法再探讨下一个问题。郝威尔说这种工作方式的效果出奇的好，备忘录不再记满各种事项，大家也不用再把公事带回家，更不用因想到未解决的问题而感到心烦。

好习惯当然不只适用于美国钢铁公司,而是对大家都能适用的。

**高效工作法之四:学会组织、委托与督导**

多数人因为从来不懂得把职责分派给他人,总是凡事亲力亲为以致自己受累过度,早日走入坟墓。结果是成天围着琐事团团转、紧急仓促、忧愁、焦虑及精神紧张的感觉挥之不去。当然,委托并非易事。委托授权给一个错误的对象,可能导致后果可怕的灾难。可是尽管困难重重,企业主管们想要免除操劳、倦怠与紧张,还是要学会通过授权这个捷径。

白手起家的老板们如果不懂得组织、委托与督导,大概到不了五六十岁就会患上心脏方面的疾病——而这些心脏问题又主要是由紧张和焦虑引起的。想亲眼见证这类事实吗?看看媒体上的讣闻报道就知道了!

## 每一个消极倾向,都是你的"亚人格"

"事实上,我昨天就为今天做好了安排,但是我今天却什么都不想做,所以我今天人在公司,却几乎浪费了一整天时间。虽然一直到下班也没人指责我,但我觉得自己太可怕了,如果一直这样下去,我的人生就全毁了!"

"我是个肥胖者,虽然我明白,最有效的减肥方法是'少吃多动',但很多时候我都无法控制自己。在每次敞开肚皮大吃一顿之后,我都会告诉自己:'以后再也不这样了。'然而,没过多久我就会重复这件蠢事,我能做的也只是不断地强调'减肥'这个词而已。"

"我看起来是一个很利落的女孩,但是,令我难以启齿的是,我总是把家里弄得一团糟。我懒得打扫我的卧室,而会花很多时间来打扮自己。我知道这种习惯很不好,可是我无法克服。直到有一天,我的男友不期而至地来到我家,对我感到非常失望,我才决定改变自己。"

……

许多人都会有这些类似的恶习,他们对此很清楚,甚至感到痛恨,却难以真正克服。那么,怎样才能战胜这些恶习呢?心理学家和社会学家经过多年研究得出了一个结论,这个结论与一般的理念截然不同。他们认为,改变不良习惯最重要的一点并非痛恨和排斥它,而是接受它。

事实上,每一个坏习惯都是我们人格的一部分,都反映着我们内心深层的需要。每一个负面的行为背后都存在一个正面的动机。我们应该学着聆听我们内心的需求,这时,我们会发现,即使这些恶习也是我们的朋友,也只是为了我们更好地生活。比如,我们吸烟可能只是为了缓解压力,我们酗酒只是为了暂时消除忧愁,我们暴饮暴食也只是为了满足自己的口欲。在我们理解了这一点之后,就应该试着去感激这些让我们仇恨不已的恶习,并将它们当做朋友来看待,并放下对它们的偏见,试着去接纳它们,了解它们。其实,这些不好的习惯只是我们人格的一部分,也就是我们的"亚人格"。

你总是不能专注于自己的工作,在整理文件时想到昨晚看过的电影情节,在会议上任思绪不着边际地游走,对手头的工作厌烦无比,不断地拖延自己的任务……因为这些不好的习惯,你非常痛恨自己,恨不得一瞬间将它们统统消除。这时,你不妨试着仔细聆听一下你的内心,你会听见,你心中某个部分发出这样一种喊叫:"你每天做这样繁杂的工作,你已经精疲力竭了,你需要休息和娱乐!"

现在,你应该对这个"亚人格"生出好感了吧?它只是在关心你而已。你应该告诉它:"我听你的,我一定会去休息和娱乐,不过,我必须先把手上的工作完成。"此时,意想不到的事情就会发生:那些让你分心的想法忽然消失了,仿佛它们相信了你的承诺,从而让你专注于工作。

那些真正内心和谐、宁静的人，他们将自己内心的每一种需求都视为友人，这样一来，每一部分都会安安静静的，不会随意捣乱。因此，对于恶习和缺点，我们不必刻意控制或者压抑，而是从它们之中找到积极正面的信息。我们在做决定时通常都非常坚定，然而，我们经常延缓执行，或者断断续续地去行动，恶习仍然在我们身上根深蒂固。这时，我们应该试着去寻找内心的使命感，要知道，强大的使命感才是促使我们战胜不良习惯的最大动机。

比如，如果你已经下定决心要减肥，却屡遭失败，这时，你应该问问自己，你到底为什么要减肥？如果你的理由只是"让自己看起来更苗条"，那么毫无疑问，你很容易失败。因为这样一个理由并不足以让你做出足够的努力。你很有可能坚持几天之后就放弃了自己的目标，然后自暴自弃地说："我只能这样了。"事实上，没有人能够对自己随便做出的决定付出百分之百的努力。因此，要想能够兑现自己的誓言，就必须保证自己的理由足够充分。你不妨试着不断地提醒自己："为了保持健康，让自己拥有更美好的生活，让自己养育出更健康的子女，我必须减肥。"

杰克在上大学时，体重为200磅。他多次决定要减肥，然而每次都是没坚持几天就开始暴饮暴食了。三年过去了，他的体重依然如故，他无奈地认为自己一辈子都"只能是个胖子"了。然而，第四年，他只用了半年时间就减到了150磅。这听起来非常不可思议，事实上，原因很简单：他谈恋爱了。爱情给了他强大的使命感，他为减肥找到了足够的理由。

我们也可以这样认为：最重要的不是强迫自己，而是我们的目标是否符合我们的意愿。也就是说，你对做某件事情是否产生了渴望和使命感。当你决心改变自己时，不妨了解一下，什么才是你真正想做的？那才是你的力量源泉。当我们热衷于一件事时，我们无须强迫自己努力控制，自然而然就会达到自己所希望的状态。

## 调动自控力，战胜自己，赶走焦虑

自控力主要表现在两个方面：一是迫使自己去完成已经做出的决定，比如早上强迫自己从温暖的被窝中爬起来去跑步；二是抑制自己与正面的目的背道而驰的行为，比如酗酒、抽烟、工作走神、丢三落四等。那么我们应该怎样才能利用自控力来抵制恶习呢？

**1. 结果比较法**

毫无疑问，我们的行为会影响到最终的结果。比如，一个人在工作上养成了拖沓的习惯，那么他有可能被公司开除；而一个人积极而有计划地进行工作，很可能会得到晋升。当然，恶习总会给我们带来暂时的舒适，但是对我们的最终结果却有着极坏的影响；而好的习惯虽然暂时让我们感到有些艰难，却能够为我们带来美好的未来。我们不妨试着对自己行为的结果进行比较，从而激发自己战胜恶习的动力。例如：一个非常懒散的人，他总是随心所欲地去生活，不愿意主动地去工作，经常把时间花在游戏、睡觉和逛街上，那么他以后可能会住阴冷、狭小的房子，工作辛苦却入不敷出，身体羸弱，一事无成，受人唾弃……

一个非常勤奋的人，他总是利用更多的时间来学习、工作，为此错过一些娱乐性节目，放弃好玩的游戏，每天早上挣扎着起床进行长跑，省下吃冰激凌的钱来买一些有用的书籍，那么他以后可能会有无比优越的工作，非常优渥的生活条件，住着高档别墅，能够开着车去环球旅游，与家人快乐地相处，有健康的身体，能够幸福地生活……

如果我们能够对不同的行为所带来的大相径庭的结果认真地进行比较，

就能够为我们战胜恶习带来很大的帮助。

### 2. 做好充分的准备工作，以应对困难

无论做什么事情，准备工作都是至关重要的。可以这么说，做好了一切准备，就等于成功了一半。有句话说得好："准备做失败了，就是在为失败做准备。"因此，在改变恶习的过程中，我们也必须做好迎战困难的准备。

无论战胜怎样的困难，都需要我们具备一些优秀的品质，比如专注、勤奋、勇敢等。除此之外，常常会有一些来自外界的困难接踵而至，主要包括外界的阻碍和外界的诱惑，这些困难是很难克服的。如果我们在计划做这件事情之前没有准备完善，那么各种各样来自外界的突袭会很快击溃我们的意志，让我们自动退缩。因此，在我们打算改变自己的坏习惯之前，必须充分预测困难、遇到的阻碍以及诱惑，并做好各种准备，研究出应对的方法。

如果你想克服自己心不在焉的坏习惯，打算让自己花两个小时来专心致志地写一篇文章，就应该设想在工作中会遇到哪些阻碍和诱惑。比如，可能会有电话打进来；忽然口渴，要去买水喝；笔没墨水了，材料纸不够用；有不会写的字而忘了准备字典；隔壁家的狗在叫会影响思路……一旦这些设想成为事实，它们就很有可能被你当做中断这个计划的借口。因此，在采取行动之前，我们必须将这些可能性统统消除：拔出电话线，将水放在桌子上，检查好笔和纸，准备好字典，关上隔音窗。

### 3. 全局思考，为长远打算

在克服恶习的过程中，我们往往会做一些毫无意义甚至是阻碍我们达到目标的事情。为了让自己心安理得，我们通常会为自己的行为找一些看似合理的借口，比如太累了不想看书，这是一场千载难逢的球赛，坚持了这么久应该放松一下了等。事实上，这些借口大部分都是强调即时性的，比如"这场球赛只有一次，错过了就没有了，而学习和工作以后还有的是时间"。然

而，我们通常只是刻意夸大了这些看似迫不及待，实则没有意义的事情，仿佛自己做这些事情是理所当然、无可指责的。这时，我们应该试着制止这些借口，而从全局、从长远来考虑。当我们萌生出这些想法时，不妨问问自己："这是不是只是借口？这件事情非做不可吗？"我们应该明白，我们是为了追求更远大的目标和更加长久的快乐，而我们所追求的这些东西绝不应该被短暂而无意义的享乐取代。

我们可以试着将事情分为四类：重要而紧急的，重要而不紧急的，不重要而紧急的，不重要也不紧急的。我们应该放在首位的是前面两种事情，而不应该被那些看似紧迫却没有意义的事情分散了注意力。如果我们真的需要放松和享乐，也应该在完成了重要的事情之后再去追求。

## 空想家的焦虑：想得太多，做得太少

许多习惯抱怨的人，都是思想上的巨人、行动上的矮子。他们通常有许许多多的目标，有相对长远的，也有仅隔一步之遥的，但他们很少采取积极的行动。他们有着无数新颖而合理的想法和各种各样的计划，最终，这些想法和计划都完全没有结果，于是，自责和悔恨充斥在大脑中。空想家比行动派更容易陷入焦虑和悔恨中。

"从今天开始，我要减肥了，这一次是真的，我要坚持！"

"我打算每天看两页有意义的书来充实自己的大脑，我要成为一个学识丰富的人。"

"这屋子太乱了，我以后一定要随时保持家里的干净、整洁，没有人会爱一个邋遢的女人。"

……

这些类似的话，是否经常从我们的口中说出？说出以后，我们是否经常能按要求去执行？应该说，能够意识到自己的不足，决定以新的方式去改变自己，是十分难得的。但是，倘若这些决定只是因一时兴起而随口说出，那么就算它们看起来再合理，语气再坚定，也只是徒劳，因为可能下一刻我们就会说："今天还是算了，还是明天再开始行动吧。"

诗人爱德华曾说："明天是懒虫的工作日，也是愚蠢者的改革日，更是平凡人安逸地躺着梦想飞翔的好日子。"如果不去行动，有再好的想法、再缜密的计划也没用。也许你会认为，明天和今天并没有太大区别，不过只是晚了一点点而已，然而，"今天就开始行动"与"明天再去执行"有着本质上的区别，着眼于明天的人，永远无法真正坚定自己的想法。

玛利亚·埃奇沃丝也曾写道："当想法还新鲜的时候，如果不立即去执行，那么，明天你也不可能将其付诸实践；它们可能会在你的庸庸碌碌中逐渐淡去、消失殆尽，可能会深陷或者迷失在好逸恶劳的泥沼中。"如果我们将计划留到明天去执行，那么，明天我们也不可能真的去行动。明天，只是我们自欺的一种把戏而已。

我们必须对自己狠一些，在优柔寡断、拖拖拉拉之时逼自己一下，命令自己立即行动起来。的确，从一名幻想者转变为实干家，不可能是一个舒服的过程，它会带给我们一定的苦痛，甚至比之前的焦虑感更强烈。不过，这种焦虑只是暂时的，如果我们能够真正跨出这一步，很快就会豁然开朗。

当然，立即去执行自己改变坏习惯的计划，并不是意味着我们必须一股脑儿将一切坏习惯都改掉，这显然超出了我们的能力范围，是不合常理的。要知道，所有的成功都不是一蹴而就的，我们绝对不能操之过急。我们不妨按照下面的原则来一步步地去执行。

1. 从最小的坏习惯开始改变。我们说过，改变坏习惯绝对不能急于求成，因此，我们必须从最简单的事情着手，要知道，我们每一步的顺利完成都意味着一个小小的成功。小的改变虽然不足以影响我们的整体状态，却能够给我们莫大的鼓励。更何况，"不积跬步，无以至千里"，一切大的成功都是寸积铢累而来。

所有优秀的老师都明白一个道理，那就是学生在刚刚接触一项新技能时，如果能够立刻取得成功，那么他们的兴趣就会大大增加，也很容易继续坚持下去。因此，这些老师一般都明白如何恰到好处地给学生布置任务，这些任务应该满足两点：一是必须能够保证学生顺利完成；二是能够让学生不断地取得进步。例如，加拿大的皇家空军，每天的练习看似都比较简单，但是一年之后，你会发现他们已经取得了惊人的进步。

我们改变坏习惯也是这样，应该学会给自己设定既能够完成，又能够不断进步的任务，以保证自己满怀热忱地坚持下去。

2. 每天必须保证完成一件事。我们经常会给自己许多承诺，但很少会坚持下来。我们不可能在一瞬间兑现所有承诺，那么不妨一天做一件事情吧！

试着每天只改变一个坏习惯，规定自己必须做好一件事情。这很容易实现，而且只要我们坚持下来，就能使我们的新习惯更加稳固。

3. 每天必须拒绝一件事。也许你无比痛恨自己的坏习惯，希望有一天之内将它们统统消灭。然而，这可能会给你带来更大的压力，甚至会让你陷入慌乱与愧疚之中。

不妨试着一天只改变其中一个习惯，约束自己不去做其中某一件事。你可以每周列出一个清单，比如，星期一，不能吃冰激凌；星期二，不能在工作时不断地走神；星期三，不能抽烟；星期四，不能将工作留到下班以后；星期五，不能赖床……我们可以循环使用这张列表，当这些坏习惯已经从我们的生活中消失后，我们可以再写出一张新的列表，以便改变其他的坏习惯。

4. 一有决定，马上去做。也许我们的想法太多，甚至互相矛盾，所以我们只好不断地推迟自己的行动。我们告诉自己:"我必须将这些想法梳理清楚。"接下来,我们可能一年都不会有所行动。

  这时,不妨选择其中某一个想法,只要这个想法是出自于内心。其实,我们的想法相互矛盾是十分正常的现象,但是只要它们都来自于我们的意愿,那我们就应该立刻去执行。要知道,去做,总比只是坐在椅子上漫无目的地幻想更能体现价值,并且,将精力放在实实在在的行动中,让整个人充实起来,你就不会因为犹豫不决、患得患失了。

# 第 8 章

## 不完美焦虑症：别对自己太"狠"了

人们对自我的要求越来越高，这是优点，也是缺点。许多人要求生活中的每一个细节都尽善尽美，一旦不如己意，就会产生焦虑感，陷入自我折磨的怪圈——越要求完美，反而离完美越远。这也就是我们所说的"不完美焦虑症"。

## 病态性完美主义是焦虑的根源

说起完美主义,大家都不陌生,相信每个人都憧憬着要做一个完美的人,处处优秀,得到众多认可,获得无上尊荣。可是,从另一个角度来看,完美主义也是一把双刃剑。一旦我们过度崇尚这个目标,就会弄巧成拙、得不偿失了,严重的甚至还会产生心理疾病。

J先生曾经被人们称为"天才钢琴家"。他的音乐造诣来自于与生俱来的天分和极高的专业素养。因演奏时结构严谨、变化丰富、生动传神而在业内备受瞩目,被人们津津乐道。

对待音乐,J先生绝对算是一个不折不扣的完美主义者:在创作过程中,他稳扎稳打,极力保证没有任何不和谐的音符出现。一旦没有达到预期水平,就会停下来审视整首歌的旋律,甚至撕掉正在创作的谱子重新来定。在弹奏过程中,他也尽力追求完美,保证每段演奏都不能出错。一旦失误就会坐立不安,尴尬万分,再也不能集中精力演奏之后的内容,看见什么都觉得不顺眼,甚至会出现冷场。

J先生有个习惯,就是在每次大型公开演出之前,都会向助手或主持人提出声明,不允许在场观众发出咳嗽声或者其他任何声音。在一次演奏中,他发现有一位观众扭头跟别人说话,看上去很心不在焉的样子,就在一瞬间,他变得慌乱起来,认为自己精心准备的完美无缺的曲子竟然没有打动所有观众,这是他不能够接受的巨大失败!于是,他本来灵活无比的手竟然紧张得不听使唤,原本练习了几百遍的曲子竟然频频出错。他觉得自己简直是毁了,开始陷入矛盾与自责之中,结果令原本的演奏效果大打折扣。

后来,这个"天才钢琴家"完全无法创作和演奏任何曲子,因为无论什么样的曲子,他都觉得不够好,而这种"不够好"的音乐作品是绝对不能向众人展示的。为此,他会对自己本来已经创作得很出色的曲子做反复的修改,精雕细琢,最后导致面目全非,失去了曲子原本的感染力;而在每次音乐会前夕,他都会因为紧张、害怕出一点错误而辗转反侧,无法入眠,最终患上了严重的失眠症。

再后来,他不仅无法正常举办演奏会,就连创作音乐的能力也彻底失去了。等待J先生的最终结局是,他不仅没能登上音乐巅峰,而且还患上了心理疾病。

在现实生活中,因为工作压力大、竞争激烈,我们会变得内心脆弱急躁,在经济不景气、岗位淘汰率高的环境下,自制能力差或具有完美主义人格的人们更容易产生焦虑感,从而引发强迫症。这种强迫症在心理学范畴叫做完美主义强迫症,笼统来说就是病态性的完美主义。

所谓的病态性的完美主义,往往是追求完美达到某种极致的程度所表现出来的综合现象。很多病态性的完美主义者,他们害怕被他人忽略或看不起,特别在乎别人对他的肯定与尊重。在这样的情况下,他们会特别想要把某件事情做好,以赢得别人真心实意的认可,却因为过分追求完美而导致吹毛求疵。结果通常是,付出了很大努力却得不到别人的认可,从而产生自卑心理。也有的人明明已经把事情做好了，却因为自己过度追求完美，反而画蛇添足。一旦结果未能符合初衷，他们自然就会出现极度的焦虑情绪。

心理学专家们经过大量研究实验发现，病态性完美主义者在很多方面都存在着一些共同特征：总是希望自己和与自己有关的任何事物都尽善尽美；过分关注他人对自己的看法；对于任何细微的过错和失误都难以容忍，处事谨慎，讲究整洁和秩序，不允许出现丝毫的偏差；在众人面前注重自身形象，行为举止十分注意，对自己过分克制，要求严格；对他人有着强烈的控制欲，要求苛刻，喜欢用"你应该"、"你不可以"句式，等等。

病态性完美主义不只是普通人的"专利"，一些名人也常常会有强迫行为。英格兰球星贝克汉姆曾自曝患有强迫症，他对一切都要求完美或是井井有条。只要闲下来，就会一遍遍地摆放家中的饮料、衣服和杂志等，直至达到自己心中完美的格局才会停止。据统计，全球已经有超过3000万人跟这种过度追求完美的生活结缘。

比如，从事会计、审计或银行工作的人，对一些和数字、符号等会比较容易产生异常心理，就算当时因为数额较大反复确认过的单据，等到盘点的时候仍然大脑一片空白，需要重新确认；也有一些人对验钞机的声音产生异常心理，即使机器已经清楚地显示出了具体数额，在不忙的情况下他们还是会一张一张地数算清楚，即使他们相信验钞机并不会"撒谎"。这些现象都是过度追求完美而导致的病态现象。

你可以回想一下，看看自己是否有这样的经历：在学生时代，明明之前已经背得滚瓜烂熟的知识点，每次临考前再去看时，却仿佛第一次看到；在生活当中，只要闲下来，你就会不停地整理房间，一遍又一遍地重新归置原本就已经放好的物件；在工作上，每次尽心尽力完成好的工作，交给上司之后却仍不放心，甚至会在心里不停地想着该怎样去面对上司的质疑。这些都是病态性完美主义者的表现。

常见的异常心理现象有以下四种形式：

1. 低效循环。即使已经完成了一些任务，还会纠缠着去寻找新东西去改善它。这个纠缠的过程开始只是10分钟，然后延长到30分钟，甚至1小时或更多，久而久之就会在一项任务上浪费过多的时间。

2. 不切实际。遇到一些事情，总是抛开这些具体问题，而设想更好的结果，没有仔细考虑是否真的有必要，从而忽略了处理事情的最初目的。有时候，这些做法不仅不会增加价值，甚至会毁了整件事情。

3. 完美不美。对所有东西的"完美"欲望导致问题复杂化，一个简单的任务可能变得无法分配，甚至在潜意识里达到自己吓自己的程度。这样的后果是一直在拖延，等待"完美"的时刻再次开始，而"完美"的时刻到来之时已为时太晚。

4. 小题大做。在问题出现前就开始猜测问题并想出各种解决方案，从而变得更加痴迷于提前应付问题。可结果的焦点，往往并不在所纠结的问题上，甚至大部分问题从来不会出现或是根本不重要。

从某种意义上来说，这些特征可能会在一定时期或一定场合成就他们做事认真可靠、遵时守信的优点，为他们的成功成才铺就道路，但长此以往，他们的缺点也会暴露无遗。而这些缺点，也会使他们对自己更不满意。

病态性完美主义者容易陷入工作狂、暴食症等状态，或多或少地存在着抑郁症、焦虑症、边缘性人格障碍、酒精依赖症等精神问题。因此，很多心理学家都指出，异常心理的根源是病态性完美主义。当一个人对完美主义的追求变成了强迫症，即完美主义者为了获得"完美"而变得神经质且拒绝接受任何不完美的东西时，在这个过程中，他们更容易迷失重点，更容易产生异常心理。

## 你是哪一种完美主义者？

完美主义的倾向往往在幼年时就显露出来，有些"用功"的孩子会经常给自己拟订学习计划，结果又很难全部完成，甚至有时候从来没有完成过。渐渐地，他们会习惯性地对自己撒谎："好吧！我原本可以达成计划，但是我不喜欢那么忙累。如果有更多时间，我一定会做得很好。"

这些习惯于自欺欺人的完美主义孩子们长大以后，还会表现出其他特质，比如无法对别人说"不"，好高骛远，不愿接受别人的帮助等。如果加以细分的话，完美主义者主要有以下几种类型：

**自我要求型**：这一类完美主义者，他们竭尽全力达到自己设定的高标准，当这些标准无法被达到时，他们往往会过度自责、变得抑郁，失去原有的信心。他们因为对于一件事情过度紧张甚至神经质，最终只能陷在自己设定的牢笼里，画地为牢。

**要求他人型**：要求他人型的完美主义者则总希望别人把事情做得尽善尽美，如果别人没有按照他的标准完成某项任务，他就会絮絮叨叨，过分苛责，经常把人际关系搞得很糟。

**被动要求型**：这一类完美主义者，他们之所以不顾一切追求完美，是因为深信其他人对他们寄予厚望，如果达不到这种期望，就会感到人生无意义，产生焦虑情绪。从某种意义上说，他们的完美主义已经失去了"完美"本身所带来的积极意义，甚至变成了自我成长的黑暗枷锁。

**"事必躬亲"型**：这类人往往表现得像超人一样，他们不愿卸下责任。尽管不断埋怨着工作量太大，却又不愿意把责任分配出去，因为他们不放心将事情交给别人。而且，他们还要不断检视对方是否尽责。喜欢制订过多计划的人就属于这种类型的完美主义者，但他们往往会因为进展困难而"停摆"。另外，他们通常还是讨好者——需要周遭的每个人都喜欢她，希望在每个人心中占有重要的地位，几乎完全缺乏说"不"的能力，所以，他们才总是习惯性地付出精力去做每一件事情。

不幸的是，这种完美主义的讨好者经常沉醉于远大的憧憬中，他们不明白所有事情都是一点一滴逐步累积的结果——无论是家居装潢，还是孩子的学习，绝不可能一蹴而就。这类完美主义者在前一天晚上就拟订了第二天的行程表，最后疲惫不堪地喊"停"，因为他根本没办法做完行程表上的所有事情。

**"工作狂"型**：他们的生活模式属于严苛的控制型。每当我们听到"工作狂"，总以为那是男人的专利，但是越来越多的女人也适用这个名词。工作狂酷爱争强好胜——尤其是与自己竞争。他们常因为罪恶感的驱使，而想要控制、获胜，对人颐指气使。这类人擅长同时做许多事情，他们可以一边看报纸，一边结算收支，一边大口吃午餐。

**"想当然"型**：这是另外一种情况的控制型完美主义者，他们三句话都不离"应该"这个词。当他们没有达成目标或犯错时，从不自问"我从这件事学到什么"或"如何避免再犯同样的错误"，却反而说："我原本应该能够解决问题的"，"事情应该不是这样的"。

无论是哪一类的完美主义者，都会活在极大的压力之下。他们承受莫大的压力，却责怪行程表、子女、配偶、工作，等等。事实上，他们应该责怪的，恰恰是自己。

## "黑天鹅"的自我毁灭

2010年，达伦·阿伦诺夫斯基执导的影片《黑天鹅》中，女主角妮娜是一名出色的芭蕾舞演员，她在舞台上的精彩演绎堪称完美。在一场盛大的演出中,她极力争取到了天鹅王后的角色,被要求分别饰演纯真无瑕的白天鹅与魅惑邪恶的黑天鹅这两种完全对立的角色。追求完美主义的妮娜能够将白天鹅演绎得十分出色,却始终无法很好地演黑天鹅,因为她不能接受邪恶的自己。虽然导演一再强调,让她尽量释放自己,轻松地去饰演,但她想到自己将与"邪恶"、"黑暗"等词挂钩,就感到紧张和焦虑,因此,她还常常惩罚自己,甚至自我摧残。

为了能够完美诠释黑天鹅,妮娜濒临精神崩溃。她不断节食,身体越来越消瘦,甚至吸食大麻,放纵情色肉欲,完全颠覆了之前高雅端庄的"乖乖女"形象。

经过一番地狱式的煎熬之后,她的付出终于有了收获。她开始能够在舞台上尽情地释放自己,成为一只冶艳而魅惑的"黑天鹅",她的表现也得到了导演的极力认可。然而,即便如此,她还是觉得自己不够优秀,她开始对周围的人对她的评价产生猜忌,并断定她的竞争对手正在策划一场阴谋,以夺取自己好不容易得来的天鹅皇后的角色,而一旦她的表现出现丝毫差错,那个竞争对手就会取代她。她对自己的要求更加严苛了,甚至到了疯狂的地步。这一切让她的精神更为错乱,最终陷入了充满幻觉与妄想的世界当中。

尽管影片的最后,妮娜达到了艺术的巅峰,成功演绎了白天鹅与黑天鹅这两种截然相反的角色,但是她也付出了无比沉重的代价——不仅患上了严重的幻想症,还昏死在她所热爱的舞台上。

像影片中妮娜这样过度强调十全十美的名人比比皆是,相信大家都不会忘记张国荣、三岛由纪夫、茨威格等人的自杀事件。他们曾是所在领域最耀眼的明星,却在事业的巅峰阶段走了下坡路,直至毁灭。造成这一凄惨结局的原因之一就是他们极力追求的完美主义。尽善尽美是处事认真的一种体现，但过度追求完美，很容易导致心理失衡，从而导致严重的焦虑症。

从某种意义上说，他们的完美主义已经失去了"完美"本身所带来的积极意义，甚至变成了自我成长的黑暗枷锁。在心理学上，像妮娜这样"自我毁灭"的人，会被认为是存在比较严重的"不完美焦虑症"。他们一般都会表现得过度谨慎、害怕出错、过分在意细节和讲求计划性等，对于来自他人的评价表现得过于敏感。

**不完美焦虑症：消极完美主义的异常情绪**

出现"不完美焦虑症"的人多数是因为长期生活在一种追求完美的心态中，为避免失败，他们将目标和标准定得看似完美无缺，反而把"追求完美"当成习惯，把注意力更多地放在了害怕不能完美的现实上，并由此疑神疑鬼，胡思乱想。心理学又把这种现象称为"消极完美主义"。

消极完美主义的思维方式，其目的是为了保护自己，害怕由于自身的缺陷得不到别人的尊重，从而钻了牛角尖。他们从错误的观念出发，因为过度看重某个问题而失去了更多东西。

大部分时候，消极完美主义者会在自己所在的领域取得不错的成就，维持集体或团队的表面和气，别人做到完成就好了，他们非要把事情做到极致。别人做到1，他们怎么也要努力做到4或5。

但是通过深层次沟通，你会发现他们令人匪夷所思的观点。他们看问题一般都认为只有两面，比常人更容易走向极端。他们一旦认定了一个事实或者是下定了决心，就会对其他相反的意见变得相当的神经质，这个时候，用冥顽不化来形容他们都不为过。

## "我也有自己的软肋"

在童年或者刚成年的时候，常常会有一些好心人教育我们，在心情不好或者感到痛苦的时候要"克服困难、坚持到底"。或许在你的成长道路上，还学习到"流露内心的情感是羞耻或者脆弱的表现"这样的思想。因此，人们会很自然地假设，如果别人知道自己有过度焦虑、社交恐惧症甚至抑郁症，后果将不堪设想。

我们在不知不觉中便深信，人是不能够有弱点的，然而果真是如此么？

亚隆是当代存在主义心理疗法的代表人物，美国心理治疗大师。在年轻时，他曾接受长期的精神分析体验的训练。这种训练一般针对想要从事精神分析治疗的心理学者，他们在成为正式的治疗师之前，必须接受一定时间的分析性治疗。因为，心理医师也不是圣人，他们在生活、工作中也会有困扰，也有从童年时期就埋藏在潜意识里的负面情绪。所以，只有他们自己体验过、探索过，才能用更加健康、坦然的心灵来面对各种各样的咨询者。

当时，亚隆的精神分析师史密斯对他进行了很多种分析训练，在这个过程中，他开始认识到自己身上一直被自己忽视（可能出于有意）的问题：他曾经有过不理智的贪婪念头。这样的念头产生于他父母去世时，他想把父母微薄的遗产全部占为己有。过去，他或许曾经对此感到不妥，但从来没有产生过像现在这样强烈的内疚之感。意识到这一点后，他无法克制地从道德上批判自己、贬低自己。

史密斯在听亚隆诉说内心满腔的愧疚时，他什么也没有说。等亚隆平静下来后，他以淡然地语气说道："这就是我们的本性，人人都会如此。"

亚隆感觉自己的内心再次激荡了起来，但不是因为内疚，而是他之前的自我批判瞬间被瓦解了，他终于能够体会对不完美的理解和包容的心态是如何产生的。这一次的经历使亚隆在今后的心理治疗生涯中,能够产生足够的包容心和理解心,去帮助那些来访者和求助者。

许多年后,已经是心理治疗大师级人物的亚隆,在回忆起曾经接受过的700小时心理分析训练时表示:他最无法忘记的,就是他对自己人性的接纳,以及他遭遇真实自我的那一刻。

在某些思维强迫类型的来访者中,他们可能会出现很善于批判自己的强迫想法,但最后往往会发现,正是因为他们无法接纳自己的某些不足,无法放下对自己心灵完美无缺的期望,才使他们无法停止强迫思维,从而产生愧疚感。一旦他们能够坦然接纳和包容自己,他们的症状就可能慢慢消退。

**接纳自我,别对自己太苛刻**

自我接纳是指个体对自身以及自身所具特征所持的一种积极的态度,即能欣然接受自己现实中的状况,不因自身优点而骄傲,也不因自己的缺点而自卑。我们的确应该检视自己各方面的不足,这对我们的成长有帮助,但如果经常性地反省自身和频繁地自我对话、自我指导,就说明心理已经逐渐趋于强迫性了。强迫症病人经常自言自语,他们好像一刻也不放松对自己的检查,反省和评价自己的思维总是十分活跃。相反,一个心理健康的人,他们更多的是将精力放在解决外界事物的思考上,经常想的是如何克服困难,如何把事情处理好。

我们每个人都会有不足,这本身就是事实,无需过多地纠缠在这个问题上。更重要的是,优势与弱势在某些情境下,甚至可以是互相转化的。正如美国心理学家豪克指出:"我们有可能评价一个人的自我的不同方面,但不可能对他给出一个单一的评价,因为一个人实在是太复杂了。"我们无法做到前后一致地评价自我,不能准确地评价自己的每个方面,只能局部或者就某个特点来评价自己。如果我们不试图在总体上评价自我,而是就事论事地评价自己的某一个缺点,或者某一行为失误,在一些情况下,是有利于改进这些缺点和不足的，但过度的自我评价则容易令人产生自责，反而忽略了具体的缺点了。

**正视缺陷，承认不完美，别与自己过不去**

认知心理学大师埃利斯八十多岁高龄时写了一本畅销书，中文版的书名为《别与自己过不去》。在最后一章中，他将自己最为欣赏的心理健康格言进行了整理。一个从事认知治疗理论研究和实践五十余年的老人写出的对认知治疗应用的总结，充满了人生的智慧和哲理。在成功学泛滥的当今社会，每个人恨不得把自己武装到牙齿。急功近利的价值取向导致现代人的情绪焦虑、抑郁、强迫和紧张，导致工作狂和心脏病，导致焦虑的生活方式和不安的生存状态，甚至造成人的工作效率下降，反而离成功越来越远。

如何解决这些情绪困扰，让人们更加坦然地生活？如何解决成功和平和的矛盾，让过于紧张的心灵之弦松弛下来？埃利斯给我们提供了一个人生哲学，即接纳、满足和平和的思维态度。这个思维态度的核心是承认个人、他人和世界的不完满，承认这种不完满是客观存在，而不是与自我作对的。这个遗憾就静静地待在那里，不理睬你的抱怨和痛苦，不理解你的过度的情绪反应。这个人生哲学的结果不是改变你的生活内容，也不是彻底令你的烦恼消失，更不是让你天天保持愉悦感，而是令你生活得更加坦然，不会钻进情绪的死角，能够客观面对自己的喜怒哀乐。

这种人生哲学不是抽象的，而是作为心理治疗的形式存在于语言结构和表达中，它是使心理医生能够恰当地表达思想的语法结构和认知图式，它由一些不证自明的假设和推理构成，与求助者的固有的思维方式和语言结构刚好相反。

下面摘录几段埃利斯的心灵格言，希望对大家有所启发和帮助：

"不管在我的身上发生了多么糟糕的事情，使我的利益受损，使我的理想破灭，它们都只是很糟糕，而不会糟糕到绝对不会发生，除非我这样愚蠢地认为。既然它们真的发生了，就不是可怕的。可怕意味着百分之百的糟糕或者是比应该的那样还要糟糕。"

"就算是最糟糕的事情发生了，我也总是能承受住它的打击，继续活下去，并从生活中找到一些快乐的事情，只要我坚信自己能够做到这一点。"

"如果我下决心要让自己不再像以前那样不安并且遇事更加坦然，如果我不断地为实现这个目标而努力，我就很可能会成功。但我并非超人，所以我也就不可能对生活中发生新的逆境完全做到镇定自若、纹丝不动。只要我仍是一个易犯错误的人我就做不到这一点。"

"否定自己有情绪上的困扰也就彻底否定了解决它们的可能。为使它们合理化的任何行为本身都是不合理的。"

## 自我施压真的会让人变得更好吗？

曾经有个国家做过这样一个调查研究，题目是"谁是世界上最幸福的人"。研究机构在报纸上发出了征集答案的征文，成千上万的信函飞到了报社。报社组织了一个评选委员会，想看看民众中对于幸福、对于谁是最幸福的人有怎样的答案。最后，按照得票的多少，第一名是给自己的孩子洗完澡后怀抱婴儿的妈妈；第二名是给病人治好了病后目送那个病人远去的医生；第三名是，孩子在海滩上自己筑起一个沙堡，夕阳西下的时候，这个孩子看着自己筑起的沙堡时露出自得其乐的微笑；第四名是给自己的作品划上句号的作家。

其实，在某种程度上，这四种幸福于我们每个人都部分地或者全部经历过。当我们遇到这些幸福的时候，我们可曾细细体会过幸福？如果没有，那究竟是世界错了，还是我们自己错了呢？是什么让我们孜孜以求的幸福感离我们如此遥远？

根据心理学行为疗法理论，几乎所有惊慌、沮丧和愤怒的情绪，都来自人们把原本理性的希望、期盼和目标，转为绝对不能改变的内在要求和命令。这种要求和命令会让我们希望事情完全按照我们的意愿发生，并且无论是对他人还是对自己，都有这样的过分要求，一旦无法满足，失望和烦恼就产生了。

为了达成某种要求和期待，我们通常会费尽心思地控制自己或者他人。比如说，妈妈期待孩子专心做作业，可那个调皮的小男孩一会儿也安静不下来，不是要看电视就是满屋子乱跑，做作业也是敷衍了事。妈妈因此非常生气，觉得这孩子"怎么这么不让人省心呢"，于是开始采用威胁、恐吓、诱惑等手段，最后还可能发展成武力控制。

这种由于绝对的内在要求和期待没有得到满足而采取的控制手段，在大人看来是有道理作为支撑和依据的。他们说："难道让孩子好好学习有错吗？"可让他们无法理解的是，为什么孩子就那么固执不肯听话呢？其实，真正的原因就在于，孩子感到这些道理他们都懂，但是他们不喜欢家长这种让他们"就范"的手段和作风，因为它唤起的是孩子的羞耻感和自卑感，他们总感觉自己是被置于错误或者不够好的一方。

非理性的内在要求和期待不仅仅施加于他人，同样也会强加于自己身上。比如因为期待自己的演讲获得巨大成功，期待得到听众们的好评，结果我们就容易变得十分紧张，以至于上台时无法表达，忘记了要讲的内容。常常有作家因为过分期待自己的作品读者会喜欢，结果因为焦虑导致灵感缺失，无从下笔，总觉得自己写得不好，总是担心写出来的东西不符合读者的口味。

一旦人们执着于要求和期待，希望事事都能完美，就会成为情绪的奴隶，就会让冲动、愤怒、失落、绝望等负面情绪占据我们的内心，我们的呼吸变得短浅而急促。我们连自己都找不到了，还能做什么，还能收获什么呢？

美国的一份日报《今日美国》曾经做过一个统计，对于真正追求完美的人，一天24个小时远远不够：30分钟进行健身训练；45分钟用于清洁身体；2—4个小时留给家人；一般人用45分钟读报；2—4个小时看电视；1—2小时花在交通上；7—10小时用于工作；另外1—2小时用于做家务；50分钟用于性爱或与伴侣交流；2—3个小时用餐；大约8个小时睡眠。此外，我们还得找时间用于阅读最新的小说、进修充电、听音乐、和朋友聚会……总的说来，根据美国的记者们计算，一天42个小时最为理想。

由此可见，对自己要求过高的人往往给自己施加了不必要的压力。由于自我期待，他们总是督促自己向最好的成绩努力，然后陷入一种恶性怪圈：因为没有人可以永远不经历失败，一旦他们自己设定的目标无法实现，就会感觉沮丧。研究结果表明，这类人更容易出现意志消沉、头痛、胃痛、背痛以及抑郁症。

你可能会说，我并不是一个追求完美的人，我只是对自己要求高一点而已。那么，我们不妨来做一个心理测试，看你对自己的要求是否在正常范围内。

如果你对一种观点"完全赞同"，得（+2）分；如果"很大程度上"表示赞同，得（+1）分；如果"不置可否"，不得分（0）；假如"不太赞同"这种说法，则减去一分（-1）；假如这个说法根本不适合你，减两分（-2）。

1. 如果我不对自己提出高要求，就有可能堕落到不求上进的人群中。
2. 如果我出了差错，别人可能会降低对我的评价。
3. 如果我不能尽善尽美地完成一件事，那么着手去做根本没有任何意义。
4. 如果我犯了一个错误，我就会感到十分不安。
5. 如果我全力以赴，我所设想的计划应该都能成功地完成。

6. 如果我表现出弱点，就会感到羞耻。

7. 我不能第二次犯同样的错误。

8. 无论是对自己还是他人，我都不能容忍一般的成绩。

9. 如果我没有做成某件事情，或者不能完成一项计划，我就会感到内心过意不去。

10. 倘若我因为没能实现自己的愿望而自责，这种自我批评有助于我将来取得更好的成绩。

评论：统计一下，正负分相抵后得出最后分数。分数越高，说明你的完美主义倾向越明显。如果你得到的是 10 个 +2 分，那么你就应该反思一下自己设定的目标，尝试一下从你目前所处的高压下解脱出来。

## 空与满的博弈

### 半饱，才可以让你拥有更多

曾经有一位减肥人士，经历了半年痛苦的"折磨"后，赘肉没减掉多少，却总结出一套人生哲理来。他说现在一天的进食量是往日的一半，感觉头脑比以前清醒，肠胃功能也更好了。他感叹，做人也是这个道理，自己以前是个追求完美的人，凡事追求百分之百的满意度，可往往事与愿违。比如对做错事情的下属态度非常苛刻，搞得上下关系很紧张，自己也整天绷着神经。现在，他渐渐想通了，多了一份包容，心灵也就多了一份坦然。

香港漫画家欧阳应霁在《半饱——生活高潮之所在》一书中说："半饱是一种完美的缺陷，一半的希望，再加上一半的耐心，才是一整片蓝天。对现实保持一种满足，对未来保有一分好奇，相信生活里头总有更好玩的事情，会在下一个阶段出现。"不要总想着拥有一切，而是要让身心都处于一种半饥渴状态,这样才能让每一口美味的食物到达口中时,得到最大的享受。因为半饱,你也才会对未来的一切,都充满了期待和参与的热情。

**顺应自然:低成本生活的乐趣**

从小生活在美国的索亚去年嫁给了德国人,婚后随丈夫搬到了德国生活。最近,她探亲回来,与一帮闺蜜聚会时,深有感触地谈到了德国女人的生活方式。她说,德国人对魅力的理解不是从外表、穿着、时髦的配饰上来衡量的,而是看你是不是能发自内心地微笑。那里的人都讲究自然,他们对园艺、喝茶乐此不疲,尤其钟爱动手做些小玩意儿。这些东西都没有什么太大的成本,但明显能给人带来快乐。

索亚说自己已经开始习惯德国人的生活方式了,周末大家总会举行小型聚会,带上家里烘焙好的点心,大家坐在草地上晒太阳、聊天,互相品尝各色茶点,收获满满的幸福感。他们的快乐是那样简单:阳光、自然和劳动。

索亚的话让朋友们都陷入了沉思。是啊,谁不想幸福和快乐呢?可是,现在的人们总想拥有最好的、最贵的,似乎那才能让自己快乐。他们缺少的恰恰是自由的心灵、灵动的眼神,以及不受外界影响的心态。大家都发现,索亚比以前更有魅力了,这种魅力不是美丽,而是有一股吸引人的磁场。那天的聚会,她甚至都没有化妆,但脸上带着淡淡的笑容。看得出来,她对物质的欲望变得很低,也没有赶时髦去什么健身房,她说每天坚持快走就是最好的锻炼了。

生活的质量与物质无关,自由的心灵也无需刻意追求。不改变自己,不取悦别人,你的生活就已经非常滋润。这是一种低成本的生活方式,心灵的丰盈会让人充满自信,变得优雅。

**心态决定自由度**

人为什么会不快乐？为什么会感到空虚？每个人都会想要知道答案。下面有一个意识层次表，大家来对照看一下，或许你能够有所启发。

心态一：这个问题是××造成的，我只是个无辜的受害者。

心态二：因为别人的失误才有这个问题产生，虽然给我造成了不便，但我必须为它善后。

心态三：这个问题的产生，我也有责任，可我就是这样，我也没办法。

心态四：生命中这种事情很常见，我就是需要忍耐，睁一只眼闭一只眼地混过去。

心态五：这个问题让人真难受，老天啊，帮助我面对它吧。

心态六：不管这个问题是谁造成的，我都能够以我自己的方式来面对它。

心态七：这是由我的潜意识带来的问题，我其实可以改变自己的思维方式，扶正消极的意识，从而以更好的态度面对它。

现在，你知道自己为什么内心无法获得真正自由的原因了吗？我们受自己的思想、信念和价值观的操控太严重了，以至于在生活当中，我们总是希望以自己所期望的方式被对待。然而，我们每个人都是平等的，没有谁比谁优越，也没有谁注定一定被他人重视。

所以，大家每次遇到问题的时候，可以来检查一下，看看自己的内心处于哪一个层次。你的心态层次越高，你拥有的内在力量就越多，你的生活也就会拥有更高的自由度。

你不需要进行多大的改变，还是要照旧做生活中该做的事，但是要对当下发生的事保持觉察。你只需要做这件事就够了。留意你的生活，试着去理解它。在过去，人们往往会选择进入修道院，放弃一切世俗的事物，只关注内心，填补空虚。而对于现在的我们来说，我们修炼自我的重点并不在于拒绝所有的事物，而是要体验内心的空洞。这样做真正目的，是为了让你感受到内心空洞的存在，但不是一味想着怎么去填满它们，你可以允许自己有缺失，这并不是什么不好的状态。

梅尔·巴巴画过一幅画，他想要借着这幅画来说明"神"就是一切。在画中，他极力表现了"一切都是从空中出现"的主题，因为圆满和完整也是由"空"而来的。一个不具备"空性"的人，反而是不完整的，因为"缺失"和"空洞"本身就是人的一部分。大成若缺，大盈若冲，"半饱"状态的心灵，才具有最大的力量。

# 第 9 章

## 摆脱社交焦虑，与麻烦的人不麻烦地相处

在日常的社会交往中，我们会遇到许多麻烦人和麻烦事，从而让自己陷入混乱之中。由于不符合意愿的人际关系而产生的焦虑感，我们称之为情感焦虑。无论依赖还是被依赖，操纵还是被操纵，指责还是被指责，都会带来不同程度的情感焦虑。

## 别做依赖者，摆脱情感焦虑

### 情感依赖：从别人身上获取安全感

许多有社交焦虑的人都不善交际，或者说根本不愿意交际。然而，这并不代表他们不愿意与任何人接触。事实上，他们在拒绝接触陌生人的同时，会与自己亲近的人产生一种非常微妙而又纠缠不清的关系——他们似乎将自己的一切都依托于自己所信赖之人身上。用心理学家弗里兹·李曼的形容就是："如鸵鸟一般，把头埋在生命的深渊的沙子里，虔诚地相信对方是一个大好人。"这种现象也被称为"情感依赖症"。

一个人的社交圈太窄，就会将所有情感和快乐都寄托在一个人身上，情感依赖症就会乘虚而入。他们可能会放弃自我成长，一切都以他人为中心，宁愿为了别人而活，情绪起伏也是因他所依赖的人而定——这就是他们表达爱和寻找存在感的方式。用弗洛姆的著作《爱的艺术》中的描述，就是"我需要你，因为我爱你"、"我爱你，因为我需要你"。在他们看来，依赖一个人，会产生安全感——事实上，他们的安全感往往来自别人。

女性更容易产生情感依赖症，与她们温顺、柔弱、被动的个性有关。这些女性的生活往往比较单调，交际圈很狭小，接触的新鲜事物也不多。因此，当她们通过某个人而排解了压力，获得了愉悦的心情后，往往容易对这个人产生迷信的心态——以后每逢需要安全感，就会向对方伸出求助之手。为了保持这种情感捆绑的关系，他们甚至无条件地认可对方的一切举动。

一位少妇说："我和戴维结婚十年了，他是个非常聪明的人，而且十分能干，你从我们住的豪宅和开的豪车就可以看出来了——这可是他白手起家赚来的。我已经七八年没有工作过了，因为戴维能给我所需要的一切。他那么幽默，那么有风度，在精神上也能够满足我。噢，可是，怎么办呢？我先生现在和一个年轻的姑娘走到一起了！那个女孩我认识，她的确很漂亮，很迷人，我先生一下子就被她勾引了。我敢肯定，绝对是她勾引的他。我很难过，我悲痛欲绝，可是我不能责怪他。因为他本身就具有吸引力，这是让众多女孩喜欢的原因，我怎么能够因此而恼怒呢？而且，我一旦表现出不满意，他一定会认为我小家子气，觉得我跟一般的传统女人没有什么两样，只会吃醋。这样，他会不会一脚把我踢开？我只要乖乖地做他的太太就好了，就像他说的：男人嘛，逢场作戏总是免不了的，做妻子的得开看点。"

情感依赖者人对亲近和归属有种盲目、过分的渴求。这种渴求是非理性的。为了能找到一座靠山，时刻得到对方的温情，甚至可以放弃自己的人生观，但这种行为模式会使人越来越脆弱、懒惰、缺乏自主性。因为处处委曲求全，有忧郁人格的人会越来越压抑，这种压抑会进一步阻止他为自己干点什么或者有个人爱好，这样就会加重对情感依赖的程度。

这种关系在情侣关系中表现得最为明显。他对恋人照顾得无微不至，并热衷于安排对方的生活；常常翻阅对方的手机短信，过度知晓对方的私人空间；恋人外出则心神不宁，时时刻刻都担心对方抛弃自己，等等。在外人看来,他有极强的家庭责任感,但恋人和家人却觉得无法忍受,并因此产生不满情绪,而他却万分委屈,觉得自己并没有错:"我为你付出了一切!"在情感依赖者眼中,他们始终处于一种期盼、渴求的态势,试图依赖着伴侣活下去,甚至可以完全按照伴侣的方式存活——他们认为这种方式能够创造出亲密无间的关系。于是,他们甚至可以改变自己,克隆情侣的生活模式和行为规律,把自己雕琢成和伴侣一模一样的人。在这种情感体系里,他将对方变成自己的主导,时刻揣摩对方的心意,"单方面与对方形成默契";他们知道伴侣喜欢喝什么样的饮料,讨厌什么颜色的袜子;他了解对方对待事物的观点,并且完全赞同对方的任何意见;他理解并试图参与对方的嗜好,以此达到共同的生活模式。

然而,这种攀附和依赖的心态会使两性世界走向两个极端:如果伴侣能接受这样的情感寄居,那么他们的确会十分和谐;相反,如果伴侣对这种感情模式无法接受,就会产生厌烦的情绪,那么结局必然是悲情和绝望的。

茉莉非常依赖自己的比尔,所有的事情都要和比尔一起做,和比尔同进同出,时刻不愿分开。最后到了什么程度呢?茉莉的朋友们渐渐开始疏远她了,因为她们感觉茉莉的空间和时间全部被剥夺了,茉莉的世界里只有比尔,这让她们感到没必要再和茉莉交往下去了。茉莉一有空就去找比尔,想到什么事情了,就立刻去找比尔商量,而且非常听比尔的话,几乎到了言听计从的地步。每次出去买东西,茉莉一定要比尔陪同她,因为如果身边没有比尔,她就无法作决定。所有要买的东西,都需要让比尔过目,如果比尔觉得喜欢,茉莉就决定买了。最终,比尔还是和茉莉分手了,比尔说,他实在受不了茉莉给他的压迫感,他感觉失去了自由。

情感依赖者往往将一切都寄托于双方的关系,试图冲破一切世俗的观念和物质的桎梏,融合成为一种共享的情感,"你中有我,我中有你"。他们可以付出、奉献一切，一心一意为对方考虑，就像菟丝花一样，依赖对方，缠绕寄生。这类人沉重的爱情背面，是隐藏着的侵略性。这种温柔的压迫，往往使伴侣喘不过气来。

## 摆脱情感操纵：当对方不断蚕食你的生活时

对于许多人，自我价值的体现就是建立在对别人的操纵上。他们喜欢操纵别人的行为、人格甚至记忆，用这种方法来满足自己的掌控欲。这样一来，身边的人就成为他们手中的"玩偶"。对于他们来说，强烈的支配欲让他们希望把身边的人变成提线木偶，任自己摆布。这种心理的暗示也是有着复杂的前提条件的。其中，以情感操纵最为常见，因为操纵他人的情感比操纵他们的逻辑思维更容易，也让人更加无法挣脱。

**看不见的陷阱，走不出的牢笼**

在一个小镇上，老裁缝卡尔正戴着老花眼镜仔细地裁剪着一块布料，他的女儿麦琪在给他打着下手。镇上人都知道，老裁缝虽然脾气不好，但手艺却没得说，所以大家都愿意照顾他的生意。可是，在他的徒弟艾玛学成出师后，一切都不一样了。艾玛离开裁缝铺后，在附近也开了一家铺子，她温柔谦和的性子，以及细致精巧的手艺，赢得了老顾客们的好感，才开张第一天，就揽到了很多活儿。

其实艾玛也不是要故意抢师傅的生意，小镇才巴掌大的地儿，有钱的顾客也就那么几个。卡尔的日子很快就艰难起来，他把一切的愤恨都归结到艾玛头上，每天在家里诅咒徒弟的忘恩负义。

卡尔的女儿麦琪从小在强势的父亲身边长大，从来不敢忤逆父亲的意思，她见师徒俩变成现在这个样子，非常难过。她也曾鼓起勇气，问父亲是否可以教她手艺,这样的话就不用担心没饭吃了。可是,结果就是被父亲用尺子没头没脑地打了一顿:"你个女孩子家学什么手艺,把家务活做好就够了。我看你钉个纽扣都做不好,别痴心妄想了!"麦琪吃了父亲一顿打,只能继续战战兢兢地在父亲身边钉纽扣。

艾玛的服装店开张前一天,麦琪曾小心翼翼地对父亲说:"爸爸,艾玛的店要开了,我们去祝贺她一下吧。她是你的徒弟,你脸上也有光彩啊!"卡尔听了,扔下剪刀骂道:"去什么去,要去你去好了,我才不去沾这个光。"麦琪眼眶红了:"爸爸,你别这样。艾玛已经出师了,她既然做得好,我们就该祝福她。"卡尔一下子站起来,把布料狠狠地甩在女儿面前:"那你去祝福她好了。你去了,就再也不用回来了,哼!"说完,他就摔门走了出去。

麦琪心灰意冷,她不知道这样的日子什么时候是个头。母亲早逝,自己被乖僻的父亲逼得只会钉纽扣,长期压抑的生活让她得了偏头痛,胸口也常常感到闷痛。自己已经30岁了,父亲总是把求亲的人挡在门口,为的是让她能够做他的保姆、佣人!一来二去,就再也没有人来提亲了。"难道这就是我的命吗?"麦琪绞着手里的布料,泪如雨下。

等老裁缝卡尔在外面渐渐平复了内心的怒火,踱着步子晃回自家屋子时,发现房间里诡异地安静,没有往常锅碗瓢盆的声音。当他走进里屋时,才看到让他心脏骤停的一幕:麦琪上吊自尽了。

在这个家庭悲剧中,卡尔无疑扮演了一个操纵者的角色,他的操纵对象就是自己的亲生女儿麦琪。他对麦琪的习惯性贬低,让女儿不断怀疑自己的能力,压力慢慢地啃噬着她的内心。卡尔使女儿的生活中只有自己,这让她不再自信,也不再善于交流。长此以往,一种深层次的心理变化开始发酵,并最终让麦琪无法承受这种似乎无法摆脱的折磨,酿成了无法挽回的惨剧。

这类现象在当今社会并不乏实例,过度控制子女的父母在很大程度上把自己同家长的角色绑在一起。而这种操纵所具有阴险性的一点就是他们对孩子的统治是以"情感绑架"的形式出现的。像"这是为了你好""我这样做是为你","只是因为我太爱你"这一类的话其实都出于一种用意:"我做这一切都是为了你,如果你违背了我的意愿,那你就真是个令人失望的孩子!"

**不做玩偶,做一个独立的人**

英国著名的唯美主义作家奥斯卡·王尔德,5岁之前都是被母亲当成女孩来培养的。母亲在生下大儿子,也就是王尔德的哥哥后,特别想要再生一个女儿。为此,她早早地为还未降生的第二个孩子准备好了衣物——全是女孩穿的。然而,王尔德的出生完全打乱了母亲的计划。按理说,这个时候,正常的母亲会扔掉之前准备好的衣服,接受刚出生的孩子是男孩的事实。哪知,她还是坚持自己的想法:既然生的不是女孩,那么不如干脆把他当女孩培养吧!

在这种性别颠倒的教育之下,长大之后的王尔德,出现了极其明显的同性恋趋向。

不仅如此,王尔德的理想也被母亲操控,那就是长大以后一定要出名。王尔德的母亲在年轻的时候有过非常美好的梦想,并且坚信自己会成为一个不平凡的女人。可惜的是,她最终没有达成目标。这样一来,她就将自己绚丽的梦想留给了自己的后代,并将自己的种种想法植入了王尔德的心理——王尔德从小的口头禅就是:"我以后要出名。"

如果不能一鸣惊人,那么生命就是完全没有意义的。在这样的人生理念支撑下,王尔德开始变得十分疯狂,他想尽一切方法进行创作,终于成为人们狂热追捧的作家。不过,这些似乎还不够。为了满足母亲对盛名的渴望,他继续进行颠覆性的创作——他甚至写出了令人震惊的低俗、恶劣的作品。随着创作动机的扭曲,他的生活也陷入一团乱麻。后来,他甚至违反了当时英国的法律,被判入狱。

人格的健全必定建立在自由的思维和意志之上，任何过度的干涉，都会残忍地扼杀一个人作为个体本身的权利。认识自我，认可个体的独立性，是摆脱干扰者的第一步。

《玩偶之家》中，主人公娜拉从爱护丈夫、信赖丈夫到与丈夫决裂，最后离家出走，摆脱玩偶地位，实现自我觉醒。《玩偶之家》曾被比做"妇女解放运动的宣言书"。娜拉的丈夫海尔茂肆意摆布他人的做法，包含了人类强大的控制欲。许多人不仅对控制他人的行为有极大的兴趣，而且还希望改变他人的人格，操纵他人的思想。在这个"宣言书"里，娜拉终于觉悟到自己在家庭中的玩偶地位，并向丈夫严正地宣称："首先我是一个人，跟你一样的人，至少我要学做一个人。"以此是对以男权为中心的社会传统观念的反叛，也是她重获自由的第一步。

每个人都有各自的看法、计划、原则，每个人的人生目标和社会经历都各有不同，为什么非要为了迎合他人，强迫自己走一条别人认为正确的道路呢？尤其当干扰者是一个年长的人，比如你的父母、师长，你就很难质疑他们。这种强迫式的情感操纵往往是社交焦虑产生的重要原因，因此，当身边的人试图以各种看似善意的方式干涉你的生活时，不妨问问自己：他们的决定真的符合你的意愿吗？

## 看破非对等关系，当心他人的利用

克丽丝毕业后进入了一家知名的房地产公司做经理人。两年后，公司的一位资深经理人找到她，并邀请她共进午餐。这位经理人名叫莫克，是公司的高层，他向克丽丝提出了一个邀请：希望克丽丝能够与他合作，共同承担公司的任务。

这个提议令克丽丝受宠若惊，因为两个经理人联手完成工作在这个行业是非常普遍的事情。一般来说，都是资深经理人给资历较浅的经理人提供指导，资历较浅的经理人则协助资深经理人完成一些工作，并从中收获经验。克丽丝对这个提议喜出望外，她从没想过公司最优秀的经理人会主动找她进行合作。而莫克则解释说，主要是因为他的妻子怀孕了，他得减轻自己的工作量，多抽些时间来陪伴妻子，因此，他需要得到克丽丝的协助。他提议，在六个月的试用期后，就正式确立这种合作关系。到时候，克丽丝将会得到她应有的回报——学到许多知识并拥有许多钱。

克丽丝当然不会错过这样的好机会，便欣然同意了这个提议。一方面，她能够从中学到更多的东西；另一方面，她希望满足莫克家庭和事业兼顾的愿望，因为有朝一日，她可能也会遇到这种问题。于是，他们签订了这个试用协议。

接下来的六个月，克丽丝十分卖力地为莫克工作。莫克总是安排许多任务给她，几乎所有的交易都由她来处理，所以她总是忙得不可开交。她没完没了地加班，有时候甚至要工作到下半夜，而且每个周末都要处理工作，完全没有属于自己的私人时间。可怜的克丽丝身心俱疲，而莫克呢，他每天很早就离开公司，也从不加班。克丽丝想到莫克是为了早点回家陪妻子，也只好笑着忍耐下去。而没想到的是，六个月之后，当克丽丝提出要签订正式合作的协议时，莫克却勃然大怒，并威胁克丽丝，说要解除这个合作关系。克丽丝为此感到震惊，她还未得到莫克许诺给她的利益，现在他却反悔了。克丽丝只好无助地回家了。

而第二天，莫克为自己昨天的行为道歉，却没有提到结束克丽丝试用期的事情。克丽丝只好告诉自己："再等等，可能他只是在考验我。"然而，从那天起，只要克丽丝提出与她应得的利益有关的事情，莫克都会摆出一副难看的脸孔，并斥责克丽丝对他不信任，甚至威胁克丽丝要撕毁之前的协议。克丽丝迫于无奈，只好继续忍受下去。

几个月后的一个周日下午，当克丽丝独自在办公室处理工作时，莫克的电话响了起来。克丽丝拿起电话，发现来电人是莫克的妻子乔伊。乔伊得知丈夫不在办公室，便向克丽丝询问丈夫是何时离开的。克丽丝犹豫了片刻，为了不使莫克陷入尴尬，不得不向乔伊撒了谎，告诉她，莫克刚离开不久。而事实上，莫克周末从不会在公司加班。

结束通话后，克丽丝渐渐忘了这件事。然而，接下来的一个周末，又遇到了同样的事情，为了替莫克打圆场，克丽丝再一次对他的妻子撒了谎。放下电话后，克丽丝忽然意识到她们可能被莫克利用了：乔伊一直以为丈夫每个周末都在公司加班，而自己却以为莫克每个周末都在家里陪伴乔伊，她们都被莫克蒙在鼓里。克丽丝按捺不住内心的困惑，只好向莫克挑明了这一点，而莫克却矢口否认，并又一次大发雷霆。

克丽丝不知如何是好，无奈之下，只好向一位关系较好的女同事诉说了自己的烦恼。而意想不到的是，这位同事却告诉克丽丝，莫克是一个好色的男人，与许多女员工和女客户有不可告人的关系，并惊讶地向她说道："难道你还不知道吗？这已经不是秘密了。"这个消息让克丽丝感到深受打击，她又询问了另外一些同事，也得出了同样的结论：莫克是一个好色之徒，而且他的"风流"行径已经路人皆知了。由此看来，莫克真的是利用与她的合作关系，以便为在外拈花惹草来腾出更多的时间。克丽丝为此感到震惊，更让她愤愤不平的是，由于她和莫克看起来关系太密切了，许多同事都觉得他们有不寻常的关系。克丽丝无奈地解释道，他们之间完全只是工作关系，而那些同事只是意味深长地笑笑。

简直太卑鄙了！克丽丝气愤地想，她本来是为了成全莫克"在家陪伴身怀六甲的妻子"的愿望，同时也以为自己能够得到许多利益，而莫克却欺骗了她，也欺骗了自己的妻子。他居然还装作一副正人君子的样子，义正词严地训斥自己"要忠诚、要信任"！而现在，她不仅什么都没得到，还弄得名誉尽毁。

克丽丝决定结束与莫克的合作关系。在克丽丝的强烈要求下，莫克同意将这段时期内由她所处理的交易酬劳的 20% 支付给她。她得到了自己应得的利益，并且重获了自由。

从这件事情上，克丽丝学到了重要的一课。她决定改变自己天真幼稚、心地软弱、迎合他人需求的性格弱点。她随时保持警惕，竭力纠正自己的错误想法，学会对每件事情都作出理性的判断。不久之后，她就晋升为公司的经理，顺利进入了公司的高层。而莫克则由于自己的不轨行为遭到起诉，被迫离开了公司。不久，他的妻子便提出了离婚。

从克丽丝的这段经历中，我们不难看出，莫克是一个不折不扣的操纵者。作为一家公司资深的职员，他深谙"非对称式管理"。也就是说，莫克在看透克丽丝心思的前提下，利用她的需求和同情心，将她玩弄于股掌。

莫克很清楚克丽丝的需求：她勤奋好学，勤劳肯干，但一直没有机会得到重视；她急于表现自己的能力，也希望能够向合作伙伴表达自己的诚意；作为女人，她有十分感性的一面，她会设身处地地理解莫克"陪伴孕期的妻子"这个愿望。这些心理成了莫克最好的利用条件。从一开始，这种不对等的关系就形成了——他们虽然名义上是平等地进行合作，事实上克丽丝却处于十分被动的境地。同时，莫克很擅长运用双重标准来约束合作伙伴。他要求克丽丝"忠诚"、"信任"、"勤奋"，一副大义凛然的样子，自己却逃避责任，隐瞒真相，行苟且之事，这也是他们关系不对等的最好佐证。

生活中，我们经常会遇到类似的事情，尤其是那些未谙世事、心智不成熟、行事优柔寡断的人，最容易在无形之中被他人所操控。我们应该尽力摒除讨人欢心、性格软弱的缺点，因为这些性格特征最容易被图谋不轨之人所利用。

## 越可怜的人，越可怕

杰西卡是在一次朋友聚会上认识茱莉亚的。那是一个与摄影展有关的私人Party，杰西卡和丈夫一起开了一家专门制作杂志的文化公司，想借此机会拓宽人脉。杰西卡记得很清楚，那天的茱莉亚看上去十分安静、柔弱，她总是静静聆听着别人的交流。出于礼貌，杰西卡也给了茱莉亚一张明信片，她很高兴地收下了。

后来，杰西卡和茱莉亚又在聚会上遇到过几次，两人成了朋友，尤其当杰西卡听说茱莉亚曾经遭遇过一段不幸的婚姻后，对她更加照顾。两人偶尔会一起逛街，喝喝咖啡，交流一下关于摄影的心得。

有一次，茱莉亚听说杰西卡要为一名摄影大师制作摄影集，她流露出了羡慕和向往的神情："我真为你高兴，杰西卡，这是你梦寐以求的事情。我想接下来你会有很多事情要做，要是我们能一起合作，那该有多好啊！我想我可以做你的助手。"

一开始，杰西卡婉言谢绝了茱莉亚的好意，茱莉亚立刻蹙起了眉头，噘着嘴说："亲爱的杰西卡，你知道我现在的处境很艰难。我好不容易在你的帮助下走出了离婚的阴霾，但如果我出去找别的工作，我又信不过人家。我想你是能在朋友需要时伸手拉对方一把的人。"茱莉亚这样说，让杰西卡感到很为难。这时，茱莉亚继续给杰西卡施加压力："你是一个好运连连的人，不论是婚姻还是事业都那么美满，我只是想沾点你的运气而已。如果你把我当成你的朋友，一定会帮我的。"

不仅如此，茱莉亚还在各种杰西卡能看到的网络交流平台，比如脸谱网和维特网上发表自己的心情状态："我深深地困于生活的苦难，见不到一丝阳光。现在，终于有了一线生机，能够让我逃出苦海，但它又在慢慢远离我！我真的就要一直这样痛苦地活下去吗？"这种类似的充满委屈和愁苦的"心声"一遍遍出现在杰西卡的视线里。渐渐地，她认为自己如果无视茱莉亚的请求，那简直成了十恶不赦的人。

就这样，茱莉亚一边奉承杰西卡的幸运与善良，一边强调自己悲凉的处境。最后，杰西卡屈服了。

不是所有的受害者都是沉默不语的，有些受害者非常乐意和我们分享他们苦难的细节。茱莉亚或许曾经是一个失败婚姻的受害者，但她却用"装可怜"的招数让杰西卡相信，她就是那个可以让茱莉亚免受艰难生活困扰的人，从而达到了自己的目的。其实，以她的水平和能力，是很难在社会上与别人竞争的。

我们很容易会因为别人身心受过创伤，或者受过不公平的待遇而给予对方同情、关心和支持，这也是人们选择用装可怜来控制别人的原因。但是，不论无辜者怎样表现，他们无非有三个目的：（1）看看你对我做了什么；（2）看看你本该为我做的事；（3）这不是我的错。对于自己的错误和失落，他们不自我反省，反而找借口，把错误归咎于别人，让对方深感愧疚和不安。

曾经有一位资深的心理咨询师，当别人问他"要如何分辨什么人可以信任"时，他的答案经常会让人大吃一惊。因为在普通人眼里，不值得信赖的人总是与邪恶的行为、恶毒的言语联系在一起。但这位心理咨询师却说，这些特征都不可靠，最可靠的特征是：他们"装可怜"的戏码——操纵者的一大法宝并不是让我们感到恐惧，而是要博得我们的同情。

这位咨询师曾经去采访过一位诈骗犯。这个人并不暴力，而是比较喜欢用精心设计的投资骗局来诈骗别人的钱。在当时资历尚浅的咨询师看来，这种犯罪都是属于高智商犯罪，他对这名犯人充满了好奇。咨询师问他："这辈子，对你来说，你最渴望什么？"他以为对方会回答"出狱"或是"财富"。但出乎预料的是，这个人毫不犹豫地答道："哦，很简单，我最想要的就是别人的同情。"

这个回答让咨询师着实大吃一惊，同时也引起了他的困惑和思考：为什么这个人——或者说有人——喜欢被人同情？

其实，对于用"可怜"操纵他人的"无辜者"来说，被操纵者的同情就等于无条件投降。产生同情的时候（至少在那一刻），我们是毫无防备的，而那些别有用心的人就会利用这一点来对付我们。在他们眼里，我们才是可怜又可悲的工具。

因此，在判断什么人可以信任的时候，请牢牢记住，如果一个人一直在伤害他人或是做出过分的行为，却又经常装可怜博取你的同情，那么你就要小心，他极有可能就是个操纵者。这类人不见得生性凶残，但你面对他们时要谨慎。

## 讨厌鬼也能"为我所用"

身边有一个很刻薄、很不友好的人，是一件很让人头疼的事情，因为这个人，你的生活和工作都会受到影响。这些人就好像鞋里的沙子，衣服里的头发一样，让人浑身不舒服。

有人的地方就有江湖，出现各种摩擦和矛盾是很自然的事情。遇到难以相处或讨厌的人，难免会产生抵触情绪。但是这种情绪不会给我们带来丝毫的帮助，相反，抵触情绪经过积累，还会让你变得性情暴躁无常，最终会被你表露出来，并传递给对方。不管你是有意的还是无心的，你们的关系将变得更加尴尬。

某培训机构的露易丝最近感到特别的压抑，起因是学校从外地请来了一个课程指导。这个人比她大不了几岁，却非常强势，常常对她指手画脚。

尽管大家都觉得他是个很有能力的人，而露易丝却不认为这个课程指导能力比自己强多少。露易丝对课程指导员的讨厌，对方也渐渐感觉到了，加上一些鸡毛蒜皮的小摩擦，最后，两人居然成了天天见面却连招呼也不打的"陌生人"。而露易丝身为下属，在这种情况下，自然讨不到任何好处。

抵触情绪会令你无法专心做事。认识到了这一点，你要努力去做的就是消除这种情绪。如果你能让你身边的讨厌鬼和你成为朋友，那就是最好的结果！一位官员曾批评美国总统林肯试图跟政敌做朋友，而林肯温和地回答说："化敌为友，难道不就是在消灭敌人吗？"

那么，如何让那些讨厌鬼喜欢你，和你做朋友呢？心理学研究也表明，"讨厌"其实是一个很主观的情绪，两个人互相不喜欢，并不见得是对方有什么过错，或者说我们自己哪里不好。那些使我们"出于本能地去抗拒"或者"无论如何也喜欢不起来"的人，也有可能和我们成为莫逆之交。

其实相对于"讨厌"来讲，"喜欢"一个人的感觉更让人愉悦。所以我们更愿意自己是喜欢某个人的。试想，当你对某个人产生厌烦情绪时，自己是否会努力去改变这种不良的情绪？所以，你可以利用一些心理学手段来使对方喜欢上你，同时使你喜欢上对方。先从小事做起，渐渐培养喜欢的情绪。

首先，你可以尝试增加接触次数，这是培养好感的一个好方法。只要通过接触次数的增加就可以逐渐消除双方的抵触，产生好感，这叫做"单纯接触效应"。

我们总是容易对和自己离得较近、跟自己交流得多的人产生好感。有时可能第一印象不太好，但通过反复多次接触，却会渐渐发现他的优点，从而让讨厌的情绪消除。

另外,"讨厌"和"喜欢"都会膨胀。当某个人有一点点令你讨厌,你就会渐渐觉得他越来越讨厌,甚至整个人都很讨厌,看他哪里都不顺眼。这种心理效应叫做"喇叭效应"。而当你觉得某个人有一点讨人喜欢之处,那么这种喜欢就会随着时间的推移得到强化,以至于到最后,他"整个人都令人喜欢",他做的什么都让你感到满意。这种心理现象叫"哈罗效应"。

人际关系是有"弹性"的,而不是一成不变的静态事物。在每一次与对方接触中,双方都在不断搜集对方的信息,形成对彼此的抽象认知。通过多次接触与交流,你与对方相互了解的程度会不断提升,人际关系弹性也就越大,即使交往中偶尔出点小状况,也会因为"弹性"而慢慢恢复。

让别人对你由讨厌到喜欢还有一个很神奇的方法,那就是请求别人帮你做一件事情。心理学上叫"富兰克林效应"。

在富兰克林总统年轻的时候,曾经倾其所有投资了一家小印刷厂。当时,他特别想揽下为议会印文件的差事。然而议会中有一个重要的议员对富兰克林抱有成见,还曾公开斥骂过他。富兰克林的计划似乎是无法成功的。

然而,富兰克林决心让对方不再讨厌他。打听到此人的图书室里藏有一本非常稀奇而特殊的书,富兰克林就给对方写了一封便笺,内容大概是,请求对方把那本书借给自己读几天,自己非常希望能一睹为快。很快,对方就叫人把那本书送来了。

一个星期后,富兰克林将书还给了对方,并且附上一封亲笔信,表示了自己诚恳的谢意。

结果在富兰克林的意料之中,经过这次的借书行为后,他们在议会里相遇时,对方居然开始主动跟富兰克林打起了招呼,并且表现得极为有礼。不仅如此,在以后的日子里,他对富兰克林的任何事都十分乐意帮忙,他们真的变成了很好的朋友。

富兰克林所运用的"请求别人帮忙"的心理办法非常有效。"善待过某人一次之后,人便会想要更多地对他好。"富兰克林这样说。如果别人什么事都不来拜托你,你便会觉得莫名的寂寞,甚至觉得自己没有获得他人的认可。被别人依赖,有时候会收获一种成就感。

## 拆穿刁难者的心思

### 没有人真正关心别人的事

美国海军陆战队有个足智多谋、充满传奇色彩的少将——巴特勒少将。巴特勒年轻时急切渴望成名,希望给每个人留下好印象。那时,稍微有一点批评都会令他心里很难过。不过30年的海军陆战队生活使他坚强多了。他说:"我曾被人骂得像条狗、蛇或臭鼬,还曾被诅咒专家诅咒过。所有英文词汇中最难听的词,我都被人骂过。现在听到有人骂我,我都懒得理睬。"

巴特勒对批评可能太过冷漠了,不过我们多数人却又过分重视了。但事实上,绝大多数批评都不会造成什么严重的后果,那只是人们茶余饭后的谈资罢了。卡耐基在他的一部著作里说:"一位纽约《太阳报》记者来参观我的成人辅导课,然后写了一篇报道,大肆攻击我的工作和我个人。我火冒三丈,觉得这是对我的侮辱。我打电话给《太阳报》执行委员会主席吉尔,要求他刊登一篇文章澄清事实,以取代嘲讽抨击的评论。我发誓一定要让他受到惩罚。对于当时的我,我现在觉得惭愧。因为我后来意识到读到那篇文章的读者也许连一半都没有,即使看到的一半读者也未必把这篇报道当回事。

而且读过的读者中又有大约一半会在几周内把这事抛到脑后。我也明白了没有人真正关心别人的事，因为人们一心只关心自己——从早上醒来到晚上睡觉。他们关注自己轻微的身体不适，都会重于关注你我的死讯。"

既然不公的批评避之不及，至少我们可以做些更重要更有意义的事——让自己尽量免受批评造成的干扰。要说明的是，我们并非要忽视所有的批评，而仅仅是不理会恶意的刁难。

我们看看罗斯福总统夫人是如何看待恶意刁难的——很显然，她受尽了这类责难。她可算得上是拥有朋友最多，敌手也最多的白宫女主人了。

少女时代的罗斯福夫人曾经非常害羞，担心人们的恶言恶语，害怕别人的批评。有一天她向罗斯福总统的姐姐请教，她问："我想做这样那样的事，可是又怕受人指责。"

罗斯福总统的姐姐凝视着罗斯福夫人，对她说："只要你相信自己问心无愧，就不要在意别人的看法。"罗斯福夫人说，在白宫中，那句话一直是她的精神支柱。她说："做你问心无愧的事——因为反正会受到批评的。做某些事被骂，什么都不做也可能被骂。结果都一样。"这就是她的建议。

### 面对恶意批评，一笑了之

华尔街的美国国际公司总裁布鲁士被人问及他对别人的批评是否敏感时，他说："对啊，年轻时我确实对别人的批评极其敏感，当时我渴求全公司人的认可，承认我是完美的。如果他们不承认这点，我就会很烦恼。为了取悦那个持反对意见的人，我往往会得罪另一个人。于是我又得安抚那个人，结果搞得一团糟，最后大家都有意见。最后我无奈地发现，越是为了避免别人对我个人的批评，我需要安抚的人就越多，同时得罪的人也越多。我只有安慰自己：'既然你处于领导地位，就注定遭到批评，顺其自然吧！'这对我很有用，从此之后，我树立了一个原则，只管尽力而为，然后撑起一把伞，让如雨的批评顺伞滑落，而不再让批评留在心里，使自己难过。"

美国作曲家迪姆·泰勒做得更超脱，他不但没有受到闲言碎语的伤害，还能在公众面前一笑了之。在周日下午的电台节目中，他做音乐评论。有个女人写信给他，侮辱他为"骗子、叛徒、毒蛇、白痴"，泰勒在他的自传《人与音乐》中提到这段往事："我以为她只是随意说说的，于是在下周的广播中，我向所有的听众念出这封信。可几天后，我仍然收到同一个女人的来信，坚持她的恶意态度，还骂我是骗子、叛徒、毒蛇与白痴。"泰勒处理别人抨击的态度真令人钦佩，我们佩服的是他的诚挚、从容不迫以及幽默感。

在普林斯顿大学为学生团体演说时，美国企业家史瓦伯坦率讲出他受到的最重要的教训，是钢铁厂中的一位经验老到的德国老工人教他的。这个德国老工人跟另一位钢铁工人进行激烈争辩，结果别人把他扔到河里去了。"当我在办公室看到他时，他浑身都是泥。我问他到底是争论什么，别人会把他扔到河里。他说：'我什么都没说，只是一笑了之。'"

施瓦伯把这个德国老工人的话——一笑了之——作为自己的座右铭。

这句铭言对一个被恶言恶语攻击的人，尤其受用。你应付别人，会引起唇齿之争，如果你"一笑了之"，别人还有什么可说的呢？

想想要是有人骂你愚蠢透顶，你一定会怒火冲天。我们来看看林肯是如何处理这种情况的：

林肯的军事部长斯丹顿就曾经这样毫不客气地指责林肯。斯丹顿是因为林肯干涉他的工作而生气。为了博取一些自私自利的政客的认同，林肯签署了一份兵团调动的命令。斯丹顿不仅拒绝执行命令，而且还指责林肯的行为愚蠢透顶。有人向林肯报告，林肯平静地回答："如果斯丹顿骂我愚蠢，那肯定我是真笨，因为他几乎总是正确的。我会亲自跟他谈。"于是林肯真的去找斯丹顿。斯丹顿指出了他的这项命令的错误所在，最终林肯收回了成命。

大多数人遭人批评时，很少能心平气和地提醒自己，大多都会毫不犹豫地采取防卫姿态。人总是讨厌被批评，喜欢被赞美。

当我们受到批评时，不要急于设法为自己辩护，因为只有头脑发热的人才会这样。让我们聪明点、谦虚些，正面看待批评，对的接受，错的不理。

# 第 10 章

## 建立强大的心理屏障，阻隔焦虑

莎士比亚说："事情没有好坏，全在于你怎么看。"同样的困境，对于不同的人，会产生完全不同的效果，这完全取决于当事人的心态。

没有任何事情能够伤害一颗强大的心。做内心强大的人，养成理性思考的习惯，培养积极的情绪，能够有效地阻隔焦虑。

## 你的情绪定势是怎样的？

**情绪是可以积累的**

有一个男孩从小就调皮捣蛋，是出了名的坏脾气，周围小伙伴们都不愿意和他玩，他变得越来越孤独。可是，越是这样，他就越是生气，周而复始，恶性循环，小男孩很痛苦。有一天，他的父亲给了他一袋子钉子，然后告诉他：什么时候他感到生气想发脾气了，就钉一颗钉子在后院的门上。第一天，这个男孩子一共钉了30颗钉子，他自己也感到很惊讶。他第一次深切感受到，应该控制一下自己的情绪了。一天天过去，他发现，他每天钉的钉子逐渐减少了，他也能越来越自如地将自己的情绪往好的方面引导。终于有一天，第一个小伙伴来约他出去玩了，小男孩好开心。他的父亲牵着他的手来到钉钉子的门前，把所有的钉子拔了下来，然后对他说："孩子，你做得很好。可是你看门上这些坑坑洼洼的小洞，就是你曾经生气发脾气的记录。虽然钉子没有了，可是你发脾气时对别人说的话、做的事，就像这些钉子留下的洞一样，是很难磨灭的疤痕。所以，你要永远记得情绪对你和对别人的影响。"这是小男孩一生中关于情绪体验的第一课。

小男孩的坏脾气使他失去了与小伙伴们一起玩乐的机会，但当他学会控制自己的情绪，友谊之门就再次向他敞开。在小孩的世界里，情绪产生的影响或许还并不大。只有在孩子小的时候，就对他的情绪体验进行有效的疏导和管理，那么等他长大以后，面对更加纷繁复杂的社会环境和人际关系，他在处理这些问题时，就会自己对情绪进行调节和控制。

情绪虽然是一种暂时的现象，可是当我们不断地进行情绪积累，就会慢慢形成我们个人的情绪定势，这些情绪定势又会在不知不觉中影响我们的行为习惯、心态甚至健康。良好的情绪会促进我们养成良好的习惯和心态，可是如果经常或者长期处于负面情绪之中，就会带来不好的习惯和消极心态，进而影响到我们的身体健康。

古代一个学者曾做过一个非常有趣的实验。他把同一胎生下的两只羊羔安排在两个截然不同的环境中生活。一只羊羔的旁边拴着一只狼，这只羊羔终日只能跟这个威胁它生命的狼生活在一起，本能地处于极度惊恐的状态中。最后，因为无法正常进食，日渐消瘦，不久就死了。另一只则被安排在没有任何威胁的环境下生活，情绪没有受到任何影响，正常地成长着。无疑，两只羊不同的命运说明了情绪在里面起了关键的作用。

**积极情绪VS消极情绪**

情绪体现在身体上的生理反应，主要有喜、怒、忧、思、悲、恐、惊七种。情绪不可能被完全消灭，也无好坏之分，一般只按照由情绪引发的行为所产生的后果，来划分为积极情绪和消极情绪。

20世纪末，心理学家在对关于心理疾病预防的研究中发现，对于抵御心理疾病起缓冲作用的关键词包括：勇气、乐观、人际技能、信仰、希望、忠诚、坚韧等。这一系列的研究引起了一个人的注意，他就是美国心理学家马汀·塞利格,他开始有了发起一场新的心理学运动的构思,这个运动旨在呼吁人们关注人的积极力量和积极潜力。他后来就任美国心理学会主席,在1998年的年度大会上,他明确提出积极心理学的概念。马汀指出,积极心理学研究包括三个方面:第一是积极情绪;第二是积极性个体的个性特质;第三是积极的社会制度。其中,积极情绪是积极心理学研究的核心内容。越来越多的学者开始把积极情绪看成是能激发个体产生愉悦感受的情绪,并对身体健康具有促进作用。反之,过度的消极情绪可能会给人带来致命的打击。

1759年,玛莎·卡斯蒂斯应好友张伯伦的邀请,来他家小住。张伯伦同时也邀请了一位年轻军官华盛顿上校。华盛顿对温柔美丽的玛莎一见倾心,玛莎也对面前这位气宇轩昂的青年军官充满了钦佩和爱慕之意。不久,张伯伦就高高兴兴地为两人张罗婚事了。

玛莎虽然不喜欢官场生活,但随着丈夫在政坛的步步高升,她毫无怨言地操持家务,抚养孩子,还常常探望、照料部队中的士兵们。她让士兵们感到了家的温暖和积极的心态,增强了他们战胜敌人的信心,因此玛莎深受大家的爱戴。

独立战争结束,华盛顿当选为美国第一任总统,玛莎为了支持丈夫的工作,也梳起了复杂的发式,穿戴起繁复的服装。华盛顿连当两届总统后,准备从政坛隐退。欣喜万分的玛莎迫不及待地和丈夫再次回到农庄,对她来说,平静、安闲、和睦的家庭生活才是她向往的,能够让她感到喜悦和满足的。她虽然富有,但不奢华;她举止高贵,但不傲慢。

长年的劳累让华盛顿在隐退后不久就病倒了,1799年12月14日,华盛顿逝世。玛莎当时坐在丈夫的床边,茫然失措地问在场的医生:"他去了吗?那么一切都结束了,我很快就会随他而去。我没有什么更多的考验要经受了。"在医生看来,这个始终有着积极心态面对生活的妇人已经完全垮了,她的灵魂已经追随华盛顿而去。

两年后，玛莎去世，她与丈夫合葬在一处。

对于玛莎来说，丈夫华盛顿就是支撑她生活的全部，即使面对她并不喜欢的都市生活和官场的种种，她都能够因为对丈夫的爱和支持而使自己始终保持乐观、积极的心态，而不是埋怨、逃避这种生活。可是，一旦华盛顿离开了她，她的精神支柱轰然倒塌，情绪也受到了严重的影响，变得消沉乃至绝望。这些负面情绪不仅让她没有了生活下去的意志，也损伤了她的身体，这才导致原本健康的她在两年后就撒手人寰。

《礼记》上说"心宽体胖"，意思就是情绪畅快时，人会愈来愈胖，而且愈来愈健康。如果有人跟我们说"您最近怎么脸色不好"，就意味着我们最近常常情绪低落，身体健康上出现了状况。这就是心理学上所说"心身症"，也就是心理上生病，如过度焦虑、情绪不安或不快乐，会导致生理上的疾病。

心理学家曾经通过用一个时间紧迫的演讲准备任务来研究积极情绪对消极情绪的消除效应，这个实验也很好地说明了情绪对人体的影响。

被测试的人只有一分钟的时间去准备一个演讲，并且他的演讲要接受现场评估，从而引发被试者的焦虑体验，并伴随心率、外周血管收缩以及心脏收缩和舒张压的增加。之后，心理学家又把被试者随机分为四组观看不同的电影，其中两部电影可以让人感受到积极情绪，如快乐感和满足感，另外两部则会诱发悲伤情绪。实验证明，积极情绪体验下的被试者心血管表现出的恢复是最快的。

可以这样说，能够有效管理情绪的人才拥有良好的情绪定势，他们会能产生蓬勃的生命力，可以让人充满希望、乐观、勇气。

## 培养积极的情绪，让焦虑感无处遁形

伏尔泰曾把态度消极的人比作暖炉，一直发热却什么也不煮。很多人活得毫无滋味，他们只是在工作中挣扎，没有活力。积极情绪的作用就是能把一个人真正地点燃，进而开始烹煮的过程，你会发现，令人惊喜的事情就真的会发生。

有一个小男孩，从小就十分懂事，他知道家里条件不好，父母每天要辛辛苦苦工作养家，已经够艰难的了，所以他从不向父母提什么过分的要求。

但是，男孩上了中学以后，变得十分孤僻、消沉，细心的父亲就问儿子学校里发生了什么事情。他吞吞吐吐地说："同学们都笑话我没有自行车，说我是个穷孩子。"

父亲抚了抚儿子的脑袋，叹了口气，却什么也没有说，因为家里实在拿不出多余的钱帮他买一辆自行车了。过了几天，儿子欣喜地跑回家对父亲说："爸爸，给我两元钱吧。商店里在搞幸运抽奖活动，奖品有自行车。"

看着儿子渴望的眼神，父亲掏出两元钱交给了儿子。

过了一会儿，只见男孩垂头丧气地回到了家里，他沮丧地说："我就知道，我不可能有那个运气的，我再也不要自行车了。"

父亲看着他，默默地走了出去。

第二天，父亲又拿出两元钱给男孩，他说："别不高兴，再去试试吧，爸爸等着你的好消息。"儿子迟疑地接过了钱，但看着父亲鼓励的眼神，在父亲的鼓励下，还是拿着两元钱走了。没过多久，儿子像一阵风一样冲回来，对着父亲叫道："爸爸，爸爸，我有自行车了！我真是幸运啊！"父亲也和他一起笑起来，并且拍拍他的肩膀说："看，你该打起精神来，这世上没有什么是不可能的!"男孩重重地点了点头。

从此以后,男孩的心里总是充满着无限的希望,他感到自己是被幸运女神眷顾的,就像当初他能够得到那辆自行车一样,他以后也能够拥有想要的一切。这个信念成了他事业的强大动力,让他成为了有名的学者。然而,无论他后来变得多么富有,那辆象征幸运的自行车他都始终珍藏着。

在他父亲即将离世的时候,他告诉男孩,那辆自行车其实是他买回来的,只是拜托商店老板以中奖的方式送给儿子,因为他不希望男孩一直生活在压抑、消沉的情绪中,他要让儿子知道,他也是非常幸运的人。

这个男孩就是日本著名的心理学家、教育家多湖辉,他的一个著名理论就是:让孩子觉得他是最幸运的人,那么他就一定能成为最成功的人!

**培养高情商的第一要素:管理自己的情绪**

积极情绪所创造的精神热量能够烧毁所有人格中冷漠的成分,并能够释放出未被人们使用过的,甚至没被发现的潜能。为什么有些人似乎总是别人眼中的幸运儿?他们的成功靠的真是"幸运"吗?

实际上,没有人会被幸运女神特别眷顾,差别只在于你的情绪是积极还是消极,你对待生活的态度是乐观的还是悲观的。成功人士都是时刻为自己做着各种准备,他们也是善于调整自己情绪和心态的高情商者。自信的人才会相信自己是世界上最幸运的人,而他们也终将会成为世界上最幸运的人。

《华尔街日报》曾这样写道:"MBA考试中,人际交往以及其他软技能是招聘公司最看重的,但也是最难琢磨透的。专业商业学校培养出来的毕业生都具备分析力和扎实的基础知识——金融、市场和营销策略,但是一些软技能,如交流能力、领导能力和团队合作精神,有时候却被忽略。"

MBA考试评估是否具备情商的标准有:管理自己的情绪;与他人有效地交流;适应变化;迅速完美地解决问题;在紧张的气氛中用幽默建立和谐

和理解；有开阔的思想；在逆境中保持乐观；做销售善于教导和说服，做客服善于应付顾客的抱怨；在压力和嘈杂的环境中保持清醒冷静的思维，等等。

由此可见，情商标准的第一条就是：管理自己的情绪。

情商其实并不是一个新的概念，早在20世纪40年代末就有人提出过智力中的"非智力"因素。20世纪80年代，心理学家霍华德·加德纳提到了"多重智力"，也就是说一个高智商的人完全可以与一个低智商但高情商的人很好地合作。

直到20世纪90年代中期，哈佛大学的心理学家丹尼尔·戈尔曼出版了《情商》一书，它迅速登上了畅销书排行榜。戈尔曼把情商定义为"能认识自己和他人的感受，自我激励，很好地控制自己，以及自己在人际交往中的情绪的能力。"

确切地说，情商是指人在情绪、情感、意志、抗压性等方面的品质，更多与后天的习得有关。在当今社会，情绪与情商的高下有着密切的联系。对于管理者而言，情商是领导力的重要组成部分。如果一个人能够正确认识自己的情绪，能够妥善管理自身的情绪，可以做到自我激励，面对挫折乐观处世；在观照自身情绪的同时，还能够认识他人的情绪，从而做好人际关系的管理，那么，我们就可以说，这个人已经走在了前往成功的道路上。

《情商管理者》的作者大卫·卡鲁索和皮特·沙洛维在书中提出了一个有情商的雇员需要有四个情绪技巧：

1. 读懂人（辨认情绪）：不仅了解自己的情绪，还能感知周围人的情绪。

2. 融入情绪（运用情绪）：运用积极情绪培养同情心、责任心和无私精神，从而带来更好的合作关系。

3. 预测情绪的未来（了解情绪）：通过反省和自知，觉察自己的情绪感受，能深入了解情绪产生背后的原因，并对未来遇到同样的事情所可能产生的情绪作个预测。

4. 带着情感工作（管理情绪）：控制情绪的能力，能够很好地处理忧郁、暴躁、愤怒等情绪，以及不胡乱发作或陷入绝望状态的能力。

情商高的人能更好地从人生的挫折和低潮中恢复过来。

## 调整心情，重拾宁静

一个男人被一只老虎追赶而掉下悬崖，值得庆幸的是，他在跌落过程中抓住了一棵生长在悬崖边的小灌木。还没等他缓过神来就发现，头顶上那只老虎正对着他虎视眈眈。而当他低头一看，悬崖底下竟然还有一只老虎，更糟的是，两只老鼠正忙着啃咬悬着他生命的小灌木的根须。极度绝望过后，他忽然释然了：反正已经无路可走，再害怕也没用了。平静下来的他环顾四周，发现附近生长着一簇野草莓，伸手就可以采摘。于是，这人伸长了手摘下了野草莓，塞进嘴里咀嚼，长叹道："真甜啊！"

什么是内心的宁静？宁静并不是一种方法，一门技术，你无法学习它。它其实是一种发自内心的转变，一种成长。

你有没有过这样的经历：电脑里放着自己喜欢的音乐，手边放着手机，面前摊着一本书，结果你会发现，书里的内容你几乎没法静心看下去，因为你需要经常调整曲目，或者看看手机里面是否有讯息。当我们习惯了同时做几件事情时，即使我们真的有了空闲时间，也无法专心做好一件事情。这究竟是为什么呢？

因为我们的内心始终处于纷乱的状态。

现代人，尤其是热爱工作的人，总是想方设法给自己找出各种各样的事情做，每个时段如果不排满各种活动心里就不踏实。然而，像这样需要精心计算活动间隔的工作就真的能让我们踏实吗？未必。我们常常需要放弃午餐，节省睡眠，但我们收获的往往是丢三落四，专注力的下降，以及烦躁的情绪。

戴维曾经也是这样一个人，直到他因为工作需要到学校脱产进修一年，情况才发生改变。他发现自己的生活，一下子变得安静而清闲起来。学业虽然忙碌，但因为没有了大量的活动，他的生活节奏就变得慢而有规律：每天早上8点醒来，上午是学习时间，中午吃饭，下午自修到3点，然后是散步或者运动，晚上泡在图书馆里或者回宿舍写作业，然后睡觉。如此，周而复始。

在这样的生活节奏下，他发现自己的专注力迅速得到了提高。他那段时间看的书和论文比前两年加起来还要多好几倍。他还思索了许多问题，并写了一些现在看起来还是很有质量的文章。这让他摆脱了多年以来忧虑和不安的根源，那就是如果不把生活填得满满当当的话，就会觉得没有足够的收获。

进修结束后，戴维有意识地调整了生活节奏和心态，主动选择慢一些的生活方式，工作也选择平和而有节奏的，这样他不但保证自己每天都有足够时间睡觉和休息，还让自己的内心获得了无比的宁静。

当我们的内心不够宁静的时候，就没有足够的专注力来解决复杂重大的问题，在这种情况下，情绪会极大程度上压倒理智。因为我们没有心力进行复杂决策，就只能靠直觉作出判断，而直觉又会极大地受到情绪的影响。于是，一切决定都变成了情绪的决定，这将是个很危险的事情。

不论你是在又一次堵车时怒火中烧，还是在超市的长队中郁闷得想骂人，或者是任何你无法多容忍一秒的场合，在这些令人厌恶烦躁的情景中，其实你仍然可以保持心境的平和与宁静。

也许你已经在这条路上经过成百上千次了，你也许认定自己对路边景致了如指掌。但事实并非如此！无论你多么细心，你也难免会习惯地忽略很多途中的美好事物。比如低垂的树枝、被晚霞映红的云朵、砖墙上投下的树影、灌木丛中偶尔窜过的一只猫咪。时间就在这些美好的观察中不知不觉地过去，你的身心也从中得到了放松。

当你听到老板用那种不太愉快的声音呼唤你时，是不是有些恐慌？这时学会在短时间内调整心态非常重要：深呼吸是必须的，然后在前往的路上不断地告诉自己，即使我做到尽善尽美，在老板眼里也不可能完美；然后想象用手拍拍自己的肩膀，告诉自己，老板也是有血有肉的人，他们也有脆弱的时候，而你要做的，就是站在他们的角度来反观自己的工作。

据说有人喜欢在浴室里放个小闹钟，然后一边看着闹钟思考问题，一边以惊人的速度涂肥皂；还有人喜欢嘴里叼着面包，往公文包里急匆匆地塞文件，出门前再一口吞掉杯子里的咖啡。其实，他们肯定能够更慢地做这些事情而不会浪费时间，而匆忙地做事可能会让他们更着急，比如水溅得浴室里满地都是，比如弄洒了咖啡，结果还得花更多的时间去打理这一切。所以，试着慢一点，不紧不慢地做事情，你会发现原本僵硬、高耸的肩膀缓缓松弛了，你的脸部表情也不是那么绷紧了，你开始品味不慌不忙的感觉了。

## 识不足则多虑

1956年2月，《纽约时报》曾刊登过一篇关于艾萨克·普雷斯兰的专访。普雷斯兰是名售货员，他刚念完四年的夜校，拿到了高中毕业证书，立马又报名参加了布鲁克林学院夜大部的学习，他想学习法律。他在新生英语课的一篇题为"什么是幸福"的作文中写道："对我来讲，拿到了高中文凭，就可以继续上大学了，将来，我就有希望成为一名律师，这就是我最大的幸福。"

普雷斯兰先生说:"向前看,我很开心,我得看看我能学到什么程度,我想在夜大学习五年或更长的时间,然后,我计划到法学院再读五年。"

你一定认为这是一个年轻人的计划。事实上,在去夜大注册前,普雷斯兰先生刚刚过完他60岁的生日。这个年过花甲的老人,懂得通过不断获取知识来答到内心充盈的目的。

习惯性多虑,往往是因为自我内心有缺失,这种缺失很大程度上可以通过思想和知识来补足。一个思想丰盛、精神充实的人,很难感到焦虑。

我们不仅仅可以在高中、大学,或者按照某种正规的安排去接受教育。A. 洛厄尔博士是哈佛大学的某一任校长,他曾经写道:大多数学院或培训机构只能帮助我们学会自助。他说,说到底,我们还要靠自我教育。教育是一个成长的过程,是一个丰富和发展自己内心世界的过程,我们要通过自我教育来实现这一过程。

如果我们明白了这一道理,自我教育就会成为一种令人兴奋的体验。当然,我们所强调的并不是一种表面形式,而是一种真实的、深入的状态。我们要让自己的心灵主动、用心地接受正面影响。如果一个人不用心,无论他是去参加读书俱乐部,还是参加培训班、买票听歌剧、听讲座,他都不能从这些活动中找到任何积极意义。

一位女士对朋友诉说自己的烦恼。她看上去病怏怏的,毫无活力。她说她丈夫不喜欢她了。她丈夫在事业上十分成功,是一名经理,有很广泛的兴趣,而且品位很高。她承认自己已经跟不上他的脚步了。

她哭着埋怨说这都是因为没机会上大学的缘故。生了孩子以后,她更是没时间提高自己的修养了,而她丈夫最渴求的就是听音乐、看画展或者读书之类的活动。

她说:"现在,他嫌弃我,因为我和他那些有文化的朋友谈不到一块儿去。这对我不公平!"

朋友问她,现在,孩子们都长大成家了,她是如何打发时间的。她说她通常都是打桥牌的,每周看两场电影,也读点言情小说什么的。

看得出,这位女士很少会对什么东西感兴趣,她丝毫没有培养自己的兴趣。她有提高自己修养的机会,她所缺乏的只是这种精神和愿望。她完全可以把打桥牌和看电影的时间用来培养她的兴趣,让自己跟得上丈夫的脚步。有些人就像这位不思进取的女士一样,他们被遗忘在狭小的世界里,他们画地为牢,与世隔绝。他们说这一切已经太迟了,事实上,对那些想发展自己的人来说,人生是一个永无终点的精神之旅。

乔治·加洛普是美国公众意见研究所的创办人,兼任罗兹奖学金新泽西州委员会主席,他曾经说过:"很多人拿到了文凭就不再学习了,但我却认为,学习是一个从生到死不间断的过程。"大学只能提供给我们一段时间,让我们有一个地方能够学习;以后,我们就要靠自己了。所以,无论我们是什么学历,首先,我们都应该明白,我们必须继续学习,要活到老,学到老。我们要时刻滋养我们的心灵,以免在将来的日子里,饱受寂寞的折磨。

如何在毕业之后也能不断学习呢?答案很简单:读书。

从书中能找到人类的大部分成就、知识和智慧。书中的知识正静静地待在图书馆、书店或是朋友的书架上,等着我们去学。通过书,我们能够同那些伟大的心灵作心与心的交流;通过书,我们能回顾历史、展望未来。

弗兰克·杰宁是一个阅读专家,他在新泽西州布鲁弗尔德市的一家初中任教。他说:"文字是在人类的历史中深刻影响了人类心灵的事件之一。通过篝火旁的说书人,它使文化得以传承。文字使柏拉图和耶稣穿过时间的界限来指导我们。它把我们的心灵和时代连在一起,让我们更好地掌控我们的世界。有时,它很抽象,像一个好主意一样;有时又很具体,就像门上的插销。它是一条让人走向高尚的星光大道,能让人成为真正的人。"

如果你踏上了这种探索的旅程，你就会明白自我教育带来的心灵滋养究竟是怎么回事。你的探索之旅可以很随意，没什么计划，却可以得到不小的惊喜。你甚至可以在书中实现一些曾经的幻想：像一个真正的旅行者那样，踏上异国的土地，欣喜地看着欧洲大陆、美洲大陆的神奇，仰望希腊帕特农神庙和埃及金字塔，心中充满着只有探索者才有的壮志豪情。这一切，都会让你茅塞顿开。

如果我们想让自己的精神更有力量，就应该马上着手增强自己的知识涵养。年复一年，当我们日渐衰老，朋友逐渐离开，自己的体力也大不如前，但我们所拥有的知识会填补我们心灵的空虚，使我们更喜欢自己。

## 过去的你 ≠ 未来的你

### 变化的世界 VS 僵固型思维

如果大人和小孩一起看电影，小孩很喜欢缠着大人问："这个是好人吗？""那个是坏人吗？"在小孩眼里，只有"好人"和"坏人"之分。当然，对于成年人来说，世界自然没有那么绝对化。不过，还有一种认同误区，也时时刻刻影响着我们对自我的把握，以及看待事物的方式。我们看问题时，常常倾向于固定化和主观化，习惯以某一个显而易见的点来评价整个面，逐渐形成"僵固型思维"。这对我们的心理发展和个人成长都会造成一定的障碍。

有一位老师给一群"无可救药"的调皮学生上了一堂课，她在黑板上出了一道选择题，题目是：你认为以下三个人中哪个将来会成为世人仰慕的楷模？

A：笃信巫医，有两个情妇，有多年的吸烟史，而且嗜酒如命。

B：曾经两次被赶出办公室，作息极不规律，每晚都要喝大约 1 公升的白兰地，有过吸食鸦片的经历。

C：曾是国家的战斗英雄，一直保持素食习惯，热爱艺术，从不酗酒，年轻时从未做过违法的事。

学生们几乎都选择了 C，理由很简单，前面两个人愚昧无知，不思进取，生活习惯差，将来不可能有什么大的作为。第三个人则不同，他有着耀眼的功绩，有着明确的奋斗目标，有着良好的生活习惯，完全有可能成为一个受万人景仰的伟人。

等学生们安静下来，这位老师笑着说："孩子们，你们的判断听起来有理有据，很可惜，事实却完全相反。现在，让我们来揭示一下这三个人的身份：A 的名字是富兰克林·D. 罗斯福，他被认为是美国历史上最伟大的总统，曾经领导美国抵御经济危机，并且赢得第二次世界大战的胜利；B 的名字是温斯顿·丘吉尔，他几乎凭借自己一个人的激情澎湃而又充满不屈斗志的演讲成为"二战"期间整个英国的精神支柱；C 的名字是阿道夫·希特勒，他创建了德国纳粹党。"

学生们听后目瞪口呆，他们怎么也想不到，这三个人的命运会有如此意想不到的逆转。老师接着说："每个人的身份和生活状态都不是固定的，现在的你如此，将来的你未必也是如此。同样，虽然过去你们身上有着这样或那样的坏习惯，你们的确让老师很头疼，但如果你们能改掉坏习惯，重头再来，谁又能保证你们将来不会成为第二个罗斯福或丘吉尔呢？"

多年后，这群"问题"学生都成了社会上的精英。回首往事，他们都对那次课记忆犹新。

**没有人能够预见未来,因为人生无定局**

安娜·麦阿利·莫泽斯曾经只是一个农场雇工的妻子,她的大半生都花在照顾自己的 11 个孩子上,就是一个名副其实的家庭主妇。在人生最灿烂的年华,她牺牲了自己的兴趣爱好,牺牲了自己想要追求的梦想。数十年来,她几乎没有出过门,一直默默守着一片农场和一个朴素的家庭,洗衣、做饭、干农活……时间过得很快,这样的生活一直伴随着她到 67 岁。这一年,她的丈夫被马踢伤,不治身亡,她不得不和小儿子一家人生活在一起。

失去了经济来源的莫泽斯并不受小儿子一家的欢迎,何况,常年的操劳还使她患上了难缠的风湿病,这让她丧失了劳动能力。儿媳妇每天冷眼待她,就像对待一个累赘。莫泽斯实在受不了这种生活,她决心自食其力,她勇敢地拿起了画笔——尽管她已经将近古稀之年了。

做一名画家,一直是莫泽斯的梦想,她小时候就极有绘画天赋,只是那时被贫穷所困,后来又被家务所缠,一直没有机会罢了。直到 70 岁,她终于心无旁骛,可以进行创作了。

创作条件并不好,一开始,她没有什么专业的工具。没有画笔,她就用刷漆的板刷代替;没有画布,她就在门廊和厨房的地板上画;没有素材,她就到田野里、山林间去寻找。没有什么可以挡住一个行动派的步伐,在她沉浸于绘画五年之后,终于创作出第一幅绝佳的作品《农场·秋》。这幅作品一问世,就受到绘画领域的盛赞,它还被托马斯·德拉格斯特亚收藏,陈列在橱窗里进行展览。

后来,莫泽斯享誉画坛,她的作品被各大媒体杂志刊登,法国卢浮宫近代美术馆甚至出资 100 万美元,收购了她的一幅作品。在普希金美术馆举办莫泽斯的作品展时,竟有约 10 万人参观她的画作。

从出生、成长、成熟到死亡,没有人的思维方式和行为模式是一成不变的。如果说有什么是贯穿始终的，那就是我们每个人的心理力量。这股力量影响着我们每个人，同时也给每一个想要掌握他们自己生活的人提供平等的机会。如果你认为过去的失败就注定了你明天的失败，那就意味着，你的心理力量已经趋于负值了，是时候调整你的力量值了。

这种现实和期望的认同误区，在年轻人中极为常见。尤其是刚刚跨出校门的学生，初入职场后，都会经历一段比较艰难的时光。因为在学校里，他们大都意气风发、不经世事，对自己抱有很高的期望。但进入职场后，他们中的大多数人都要从不受重视的小职员做起，为老员工打杂、跑腿是常有的事，甚至会遭遇背黑锅之类倒霉的事情。时间一长，他们就会对自己产生怀疑，有些心理承受能力较差者，还会选择离职或跳槽。

然而，职场新人应该认识到，自己所经历的一切都是十分正常的，只要有足够强大的心理承受力，有足够高的心理能量值，就不再会觉得自己的未来一片黑暗。眼下的一切只是桥梁而不是坟墓，当下的自己还在成长，而不是已成定局。

附：

## 行动起来！摆脱焦虑的自我疗愈法

## 意义疗法：拯救心灵失衡

很多时候，人们的焦虑并不仅仅是因为生存而产生的，对存在意义的困惑与追逐是引起人们焦虑的一个很重要原因。在思索之中，人们会困扰地说："我是谁？我将走向何处？为什么要这样做？这样做有意义吗？有必要吗？"强烈的焦虑因此油然而生。

以威尼斯心理临床医师佛朗柯为代表的心理治疗专家，是研究生存意义焦虑的开拓者。佛朗柯透过"你既然如此绝望，为什么不自杀"来协助病人从震撼心灵开始，完成对意义焦虑的克服。佛朗柯是研究生活意义的权威，这与他自身的惨痛经历有关。第二次大战期间，他曾经被囚禁在德国集中营，他将自己在集中营的心理实验写了《从死亡集中营到存在主义》，后来再版发行时，改名为《意义的追求》。

佛朗柯认为，人类生存的主要动机，在于发掘存在的意义，他称此为"追求意义的意愿"，并以此区别于其他两种有关人类本性和生存动机的学说。其中之一是说，人类的行为动机存在于追求快乐和避免痛苦之中。佛朗柯将这种快乐主义的说法称为"追求快乐的意愿"。在心理学界，有不少人赞同这种学说；在心理治疗方面，弗洛伊德也是佛朗柯这一理论的拥趸。

依照佛朗柯的说法，人类生存的原动力，在于了解存在的意义。一旦追求意义的意愿受挫时，就产生所谓"存在的挫折"。"存在的挫折"会使一个人感觉到存在的虚无感，而导致焦虑、彷徨，甚至厌世的情绪，认为没有一件事是有价值的。这种厌倦和虚无的状态，实质上是心灵上的失衡。这是每个人在找寻生存意义的过程中，常常会发生的情况。一旦这种现象历久不消，它将会变成焦虑、精神病和其他情绪障碍的温床。

生活的意义，关键还是要靠自己来发掘，佛朗柯把这个发掘的过程称为"意义疗法"。他的许多观点和技巧，都可以用来处理日常生活中的焦虑情绪。

1. 意义存在于不断发展的过程中，而不在于停滞的成就之中。

就像我们之前所说的那样，为什么说适度的焦虑有助于人们做事的效率？就是因为人们唯有在面对问题和解决问题的责任中，才会最满足、最快乐，生活也才最有意义。

2. 把每一天看成是复活的日子。

因为生命必会终止，才使现在变得有意义。如果把每一天看成是复活的日子，我们的视野就会变得有趣、宽广。

3. 用"矛盾的意向"看待问题。

"矛盾的意向"是佛朗柯发展的一套增进洞察力以发掘生活意义的方法之一。在他看来，很多人在事情发生以前就开始焦虑，这种"事前焦虑"很容易消耗人的能量和精力。当人们变得不敢面对变化，也就越不敢面对现实，如此的恶性循环，将使一个人只能任凭焦虑凌迟。

"矛盾的意向"就是让有"事前焦虑"的人，偏偏去做他最害怕的事情，或者去想象那件事情。佛朗柯曾提到一位从小就患有严重口吃的人，唯一的一次例外是在他12岁的时候，因为一次乘车逃票，结果被车长逮住了。他脑子很灵活，很快就想到利用自己说话结巴的特点，因为如此一来会显得自己可怜兮兮，车长一定会放过他。结果事与愿违，他越是想口吃，就讲得越流畅，这个例子显示的就是"矛盾意向"的功效——你越是害怕，就越是去做，为你的焦虑添一把火，因为你只有去做了，才会克服。

后来，佛朗柯的一个朋友将他的这个方法运用在了一位心脏病患者身上。这位患者对自己的心跳特别敏感，总是害怕自己心脏病会复发，所以不敢出院。这个朋友就告诉他，在他又产生焦虑情绪的时候，尽量想法子使自己的心跳加快，并促使焦虑更加严重。结果，他尝试了半天却说，自己根本无法让心跳加快，也没法提高焦虑程度。事实上，他的心跳反而变慢了，焦虑感也减轻了很多。

在日常生活中，我们往往不知不觉地夸大了对一些鸡毛蒜皮事情的顾虑，平白产生了许多不合理的焦虑。如果我们能够停止这种无谓的夸张，把注意力转向更有意义的事，就可以克服焦虑，过上更充实、更快乐、更有意义的生活。这也是矛盾意向所以能够促使我们发掘生命意义的主因，因为它要求人们刻意地去夸大这些恐惧，使我们更加认清这些恐惧是微不足道的，也因此摆脱了负面情绪。

轰动一时的《死过一次才学会爱》的作者艾妮塔·穆札尼在罹患淋巴癌之前，是一个有机饮食的忠实拥护者，为了自己的身体，她拒绝任何不健康的事物。一个极度推崇健康饮食、过度关心自己身体的人，竟然患了重病？这是一件令人匪夷所思的事情。而更令人意想不到的是，她的癌症真是她"太过关注健康"导致的。

在"死后的那个世界里"，她领悟到，自己之所以会罹患癌症，正是因为她每天都活在各种焦虑之中，害怕自己的身体出现异样，而且吃任何健康食物的理由都是因为"怕死"，最后，体内的坏细胞"呼应"了她长年积累的负能量，并结集起来，占据她的身体！正是她对死亡的焦虑，引发了她一直最害怕的癌症。

艾妮塔在被医界判定死亡后几天，奇迹般地活了过来。获得重生的她，开始坦然面对人生，热爱生命里的一切。她不再执着于用健康饮食来"挽留"生命，不再像以前那样害怕死亡，什么都吃，还特别爱吃巧克力、喝香槟，而且不管别人爱不爱她，她都爱自己。她将生命的热情全专注在最美好、最健康的正向思维上，并不断应邀前往世界各地，分享她鼓舞人心的故事。

艾妮塔的真实经历除了告诉我们，"要无条件地爱自己"外，更是为意义疗法作了个真实的见证——你越是为一件事情感到焦虑，它就越是会发生；你不再把它看得那么严重，它也就会放过你。

## 反向思考：美化痛苦的经历

情绪问题，很多时候都是因为脑子转不过弯来。而之所以会这样转不过来，是因为我们很难看透命运的深意。在命运面前，我们都是孩子，就算再高瞻远瞩，也很难知道此刻所做事情的真正意义。

但太多的例子告诉我们：遇到不顺心的事了，多从反面角度来思考一下，总没有错。

比如，谁都不愿生病，但也有人把病痛看作是一种上天的赐福，使他得以重新发现生命的价值。

罗洛梅，就是这样一个人。作为存在主义心理治疗的创始人，他曾任纽约心理学会主席，美国怀特学院院长（怀特学院是美国著名的心理治疗研究中心，曾有沙利文、弗洛姆等著名的心理治疗大师在此担任教职）。

罗洛梅并非心理学领域的科班出身，他起初学英国文学专业，毕业后当了三年英语教师。之后攻读美国协和神学院的神学专业，并到一个教区担任了两年牧师。这时候，他的生活中除了和著名的欧洲心理学家阿德勒有过几次接触外,还没有真正进入心理学专业训练。

在他三十多岁时,死神开始接近了他。他回忆道:"30年代末我患上了肺结核,十多年内我生活在不安之中,仿佛再没有明天的感觉。"在当时,治疗肺结核的药物还没有完全开发成功,因此身患肺结核也就意味着身患无药可治的绝症,与被判了死刑相仿。突然间,他赖以生存的重要计划、人际关系、生活标准以及人生价值,完全都化为乌有。

当罗洛梅躺在病床上等死之际,得以有机会真正去深思整个人生的意义和存在主义哲学对于生命的讨论这些严肃问题。

他回忆道:"……因此我调整了自己的存在,我此时此地的存在……面对死亡是个很有价值的经验,因为在这经验中我学会了面对人生。"

两年后,他从肺结核中幸运地康复了,也许是他的意志拯救了他的身体。这也使他终于有机会将自己的人生思考,与沙利文、弗洛姆等学者的精神分析治疗思想结合,并与之后数年中所进行的临床心理学博士论文研究结合在一起,创作了《焦虑的意义》《人寻找自己》《存在:精神病学与心理理学中的一个新概念》《爱与意志》《力量与无知》《创造的勇气》《自由与命运》《哭喊神话》等存在心理治疗的经典之作。

这就是存在主义心理疗法的缘起。如果没有这场天赐的肺结核,没有罗洛梅的意志和勇气,或许当今心理治疗界就不会有存在主义心理疗法的存在。

当罗洛梅在哥伦比亚大学拿到临床心理学博士学位时,他已经是四十岁的人了。这和许多著名心理学家在早年就顺利拿到学位的情况截然不同。但也正是因为如此不同和如此经历困难重重,所以他的生命体验和治疗深刻性所凝聚的存在主义心理治疗思想影响深远。

或许这些事件落在另一人身上,会导致毁灭性的灾难和精神的崩溃,但罗洛梅以他的爱、意志、勇气、智慧成功地度过了难关,因此这些巨大的负面事件反而成为他伟大思想的源泉，灾难反而成为一种祝福。

生活有时候像个老顽童，它把你逼到墙角，让你在万般无奈之下痛苦地接受它的旨意，而往往在你艰难完成之后，才发现那居然是件大好事。当你有了反向思考的能力，你就会发现，日常生活中那些让你情绪糟糕的事情，其实也都有着可爱的一面。

有个害羞、腼腆的小伙子第一次邀请一位女孩子外出，不幸被拒绝了。这件事引起了他脑中的一连串想法——"她一点儿也不喜欢我，和我出去一次也不愿意。难道因为我一点男子汉的味道也没有？！也许，所有的女孩子都是这样想的。唉！太可悲了。我是个人见人厌的家伙，再也不会有女孩子肯嫁给我了。"当然，结果也是焦虑、沮丧和不断困扰于"我太失败了"的糟心之中。

可是，事情真的有那么严重吗？容易被生活中鸡毛蒜皮的小事搞得沮丧万分的人，对于所有的事往往都会由引导事件A，经由错误的观念体系B，而产生情绪不安的结果C。这种人一旦遭遇困扰，往往会越陷越深无法自拔，终日为焦虑所纠缠，以致无法面对任何挑战，也无法担负起任何责任。

如果此时他反向思考这件事情，那么结局并不是不可挽救的。他要做的，就是学习如何借助清晰而合理的观念，来对抗荒唐的想法。比如这个被女孩子回绝的小伙子，也可以这样想："现在她不和我约会，也许下一次就会答应。所有的男孩子在一生当中，谁也免不了要被女孩子回绝几次。即使她对我没好印象也无伤大雅，总有一天，我会遇到真正适合我的女孩子。"这种思维方式，就是采取接受挫折，从反面角度肯定挫折的意义。当然，在合理思想的同时，我们也该采取现实的行动，尽最大的努力使自己做得更好。

人总有痛苦、委屈、迷茫、绝望的时候，但是如果这种悲伤变成了自我苛刻的负面思维和感受时，坏情绪就会占据主导。当你遭遇这样的人生阶段，不妨试着这样想：命运给你的这些疼，很可能是有大意义的，只是你暂时看不到。就姑且忍下去，咽下去，坚持下去，看看风暴过后会不会有美丽的天空。同时，你还可以选择不再困扰自己，以一个更有效、更积极的方式来接纳和回应你遇到的一切。

## 内观认知疗法：专注内在感受

### 与其向外探索，不如从内心寻找答案

萨琳娜发现，每当她早上醒来的时候，心里就会有种说不出的难过感觉，这让她很苦恼，特别是她根本不明白这种感觉因何而起。这种时候，她的脑海中就会不断闪现出那些话：为什么我又伤心了？为什么我又想起了那些不愉快的事情？是不是因为我本来就很悲伤？通常，萨琳娜都会坐在床沿发好久的呆，或者借助播放音乐、冲泡咖啡来驱散不愉快的心情——但是那毫无用处，因为她的思维很快就会不受控制地发散开去。

"我想要知道为什么我会有这样的感觉：是不是今天即将发生的事情会让我感到难过？我通常能想出几件不太好的事情：比如今天要开部门会议汇报工作，主任肯定又会吹毛求疵。但是，这些事情也无法完全解释我此时此刻的感受。于是，我开始进而思考自己是不是出了什么问题。别人都很快活，偏偏我却如此郁闷。然后，我很快挖掘出了更多消极的想法，比如，也许我会一直闷闷不乐下去。那么，我的人生将会变成什么样子呢？到那时候，我要如何跟别人交往？如何处理我的工作呢？我还会有快乐的时候吗？很快，这些想法让我更加郁闷了。最后，我对自己感到无比失望：每一件事情看起来都是那么费劲——交朋友、工作，一切的一切。

"有的时候，我很清楚自己在做的事只能让自己变得更加痛苦。比如，当我制作一份报表的时候，突然会发现窗外知了尖锐的集体鸣叫声，于是我

的恶劣心情也会加剧，我对这一刻的感觉很惊讶。还有一次，当我开车等红绿灯的时候，看着前面无止境的车龙，我又想起了躺在被窝里的感觉——那种深深的舒适和温暖，可以裹着温馨的被子、枕着柔软的枕头安睡的感觉。我意识到在那个时刻，这个世界是美好的，但是这种感觉却是那么短暂，以至于现在的不可得是多么令人焦虑！我反反复复地思考，自己究竟出了什么问题。"

萨琳娜明白自己对于不愉快事件的反应正是令她更痛苦的原因，她努力想要改善状况——拼命去理解自己的想法出了什么问题——但是那只能让她更加抑郁，以至于她习惯于把短暂的伤感转变成持久的苦闷。

萨琳娜的问题已经不仅仅在于她对客观事件的反应出了问题，而是她的心理状态亮起了红灯，她的习惯性向外界寻找答案使她非常痛苦——因为，问题出于她的内在。

内观认知疗法，又称正念认知疗法，是由美国科学家容·卡巴-辛在十多年前发展起来的。根据他给出的定义，"主动将注意力集中于现时自身感受的变化，并不对此作出任何判断"，这样的状态就叫作正念，而它与我们身体的"自动驾驶状态"是正相反的。

**关注当下，收回你的"过度前瞻性"思维**

在日常生活中，我们几乎总会同时做几件事，这时我们就处于自动状态，并没有真正去关注手头正在做的事情：早上刚一醒来，我们就在想这一天的计划了。接下来，喝咖啡或者开车去公司的路上，我们仍然在计划着一天的事情，想象着这一天可能会出现的各种棘手的问题。你一定也有过这种经历：你并没有留意从家到公司的路程，也不记得路上的风景或者红绿灯的数量……然后，你很吃惊地发现：公司已经到了，一路上你除了增添了更多忧虑，没有任何收获。是的，你的"过度前瞻性"思维让你把目光放在了未来的事情上，你不可能平静地感受当下的每一分、每一秒。

正念疗法的核心原则就是，要我们学会停下来并感受当下的生活。你们可能会说，一次只做一件事情简直就是浪费时间。确实如此，但同时做太多的事情会让我们的思维跳来跳去，穿梭在不同的任务之中，我们的精力不会集中在任何一件事上，这样就会消耗更多的精力，而且我们总在不停地转移注意力，就很可能会忽略某些细节，导致效率降低。在当今这样一个要求人们极度高效的社会里，很难让人改变这样一种"自动驾驶"的习惯。要想作出改变，就要进行自我训练，并重新锻炼我们的注意力。

**不作任何判断**

认知疗法的理论与佛教的理论比较接近。佛教的唯识学认为，人在看到听到、想到的最初一刹那，是处于"现量境"中的，没有烦恼。普通人紧接着便会产生各种自动的思维，落入"比量"之中，"比量"就是认知疗法所说的自动思维。尽管很多细小的自动思维带来的烦恼很轻而不易察觉，但是烦恼其实是存在的。这些细小的心理习惯日积月累，慢慢地就会在某一点上爆发。换言之，这些自动思维就是一种不自觉的强迫练习，它是我们内心对外界事物的一种消极反馈，并且很难控制住。因此，在内观认知疗法就是要让我们和外界事物接触后，不容易产生自动思维，而是客观、无碍地看待周遭的一切。

当我们有意识地把专注力导向内在，并加以扩展，就会发现肉眼看到的世界并不真实，而内在感受到的世界才是真实的。每个人的注意力平时都是往外投射的，而当意识开始向内关照，我们能够以清晰、明确的观点来看待生活中发生的事情，解决遇到的问题，调和内在情绪，疗愈身体疾病。由此，情绪的新陈代谢就会改善，心理状态也会得到调整。

### 内观疗法的立足点

我们通常观察一个事物都是以自己为基点，从事物的外面进行观察，而内观的观点正相反，它是以他人（物）为基点而进行自我观察的一种方法。许多情绪不稳定的人，都有一种"凝固观点"的倾向，习惯以自己为基点，只考虑外在事物。这种外观的方法会使人们只重视从事物的外面来观察，而忽视了观察者自身的想法和感受。因此，内观认知疗法强调要养成多角度的弹性观点。其中，最重要的是，站在他人的角度来观察自己、探索自己。

### 训练内观认知，从感受呼吸开始

在日常生活中，尤其是睡着之后，我们都会自然而然地用"腹式呼吸"。可是你知道吗？一旦遇到紧急状况，我们就会不知不觉地改变成"胸式呼吸"，这是为了通过加快呼吸频率以获得更多氧气。由于生活紧张、压力增加，我们的呼吸方式也与情绪变化密切相关。当愤怒情绪出现时，大脑的潜意识就接到这种信息，这就是很多人一生气或紧张就会呼吸急促、两手颤抖、脸色发白的原因。

本来，我们的身体都有自然调节机制，在正常情况下，大约每隔10到15分钟就会深呼吸一次，甚至长长地叹一口气，伸个懒腰以帮助肺部完全扩张，吸进更多氧气以供应身体需要。呼吸与情绪是相辅相成的，如果长期采用胸式呼吸，最后可能忘记或者忽略自然的深呼吸或叹气功能，结果使血液中的含氧量不足，人也就容易出现焦虑症状。感受呼吸，就是要求你在情绪失控时，避免胸式呼吸，而主动采用"腹式呼吸"来调节情绪，这也是正念疗法开始的第一步。

## 正念练习，平静地对待挥之不去的小情绪

没有人能强迫自己或说服自己放弃某种情绪，但是，我们可以从一种情绪中转变状态，或是减少情绪对我们影响的程度。

你的选择之一就是：正念练习。这种练习可以重新建立起你与自己、与他人、与整个外部环境的联系，使你正视自己的问题，重拾积极心态。

正念不是一个新概念，事实上，每种宗教和信仰传统都包括某些类型的正念练习，3000 年前便有各式各样有关正念练习的记载。现在已有大量书籍和光盘提供冥想练习或引导人们完成各种类型的正念练习。对一些人而言，正念和冥想是一个意思。不过严格来说，冥想是正念练习的一种形式，正念涵盖面要比冥想更广。

正念练习随时随地都可以进行，但这种练习却并不是非常容易的。相反，很多人在接受心理治疗时被问及正念练习是什么或怎样进行时，他们似乎显得十分茫然。

### 正念练习第一步：驾驭呼吸

现代人如果没有经过专门练习，对自我呼吸模式是陌生的，正念练习的入门练习就是对呼吸基本模式的认知。

呼吸的不同模式，与驾车的不同的档位相似。当遇到路况不好的时候，车子往往无法挂高档行驶，走走停停，耗油费神。同样的道理，当我们的内在意识处于不安时，就如同行驶在不良的路况上，呼吸无法深入，徘徊在低档位耗血费神。反之，内在意识安宁时，呼吸就可以深入而通畅。

**正念练习第二步：注意力**

我们可以试着把意识集中在单一刺激之上。刺激可能是听觉上的，如钟的滴答声、冥想的锣声、重复的音节。刺激也可能是视觉上的，如集中注意力观看蜡烛的火焰、某个物体或地板上的某个污点。在这种类型的练习中，人们很容易觉察到自己的思想游离了。另一种正念练习是让人将注意力集中在环境上，并观察景物、声音、气味和质地。例如，某人可能在公园里散步，并注意自己的所思所想。但需要注意的是，此人没有试着去改变或评价自己的思维和情感。他让思维处于很放松的状态，只是很自然地将自己与环境融于一体，这就是正念练习。

**正念练习第三步：体验力**

我们的思维常常阻碍了正念练习的效果，这导致练习者一开始时常会对正念练习感到迷惑。通常他们会努力地想要去感觉到某种特别的事物，或强迫自己不去感觉任何事物；他们也会努力思考自己正关注的事物，或者强迫自己不去思考。他们常常执着于"思考"正念练习时的一些"规矩"和"原则"，从而忽略了体验力的培养。正念练习就是要让我们直接体验当下，避免因为多余的思考而干扰了正念。

我们可以从最简单的吃开始练习。其实，进食实际上可以视为一种神奇的能量转化的仪式。因此，不管你吃的是什么，每天至少要进行一次这样的仪式，深刻地、缓慢地、全身心地体验"吃"这个过程。

现在，你在食物面前坐下。闭上眼睛片刻，放松，做一会儿深呼吸。为这份食物默默地感谢所有提供这份食物的众生，包括为它此时出现在你眼前而付出的人们。

好，现在你睁开眼睛，好好看看它是什么样子，轻嗅它的气味。食用时，你在心中告诉自己，这份食物正被转化成为你所需要的生命能量。想象自己吃了这份食物后变得更健康、更美丽了。食用的过程尽可能地从容不迫，在你感觉因满足而快乐时，仪式结束。

## ACT疗法：接受，并且认同

ACT疗法，即接受和实现（承诺）疗法（Acceptance and Commitment The Rapy）。这种疗法的核心观点是：消极的想法与情绪会贯穿人的生命始终，与其挑战它，不如坦然接受它，并集中精力追求自己所重视的人生价值。

ACT疗法是继认知疗法、行为疗法后的又一新兴疗法，是一种以有关人类行为和认知的关系框架方法为基础的试验性行为心理治疗，采用接纳和专注过程以及承诺和行为改变过程，创造心理灵活性。它是由美国内华达州大学心理学教授斯蒂文·海思（Steven C. Hayes）博士及其同事所创立。ACT疗法被称为心理治疗理论的第三浪潮，在西方国家十分盛行。

ACT的疗愈过程基于这样一种假设：大多数情绪患者所面临的核心问题是对过去经历的回避，这种回避包括对个人自身所厌恶的思维、情感、感觉以及其他私事的回避。在思维和情感的领域，对痛苦的经历进行回避只会加剧负面情绪的程度，从而导致多种形式的异常行为和心理障碍，比如药物滥用、广场恐惧症、强迫行为和攻击行为等。

具体来说，ACT治疗师不会直接改变某位深陷抑郁情绪的人的悲观想法，而是鼓励他去细细感受悲伤，同时要求他客观地去观察这种悲观思想是如何发生的。他可能被要求反复大声喊出自己的悲观想法，以至于忽略了这些想法的本意。例如，当他觉得自己深陷这样的想法"我好可怜"时，ACT治疗师会建议他大声重复喊出"我好可怜"，最终，这种想法的威力定会减弱。

进一步来说，ACT要求求助者观察行为（躯体动作）与思想的联系反应，也就是思想与行为（躯体动作）的关系。大声重复负面想法，就是为了把思想中自我界定的概念从记忆中分离出去。

因此，ACT疗法不是通过抗拒消极的想法与情绪，而是通过接纳它，最终达到内心世界的平衡，这便是这种心理疗法的主旨所在。这个过程需要我们做到以下几个步骤：接受情绪、直面情绪、体验情绪与认同情绪。

接受情绪：很多人对自己的负面情绪感到很恐慌、很愧疚，甚至会有负罪感，他们没有意识到自己出现这些情绪只是在某种特殊情况下才产生的。"接受"是一个常常被人误解的概念，它并不意味着喜欢或渴望这种经历和处境。这里的接受意味着乐意去体验我们正"全身心且没有防御"体验着的事物。弄清了我们的过去和所选择的道路，才有可能了解某些情绪（如焦虑和愤怒）为何产生。

直面情绪：不要压抑，也不要回避自己的情绪。遇到伤心的事情，感到悲伤或痛苦是一种健康、正常的情绪表现。如果感到难以承受，可以向别人倾诉内心痛苦以缓解情绪紧张度；同时，还可以试图安抚自己或者参与其他活动以分散自己的注意力。

体验情绪：身体对情绪是有记忆的，这反映在情绪会在我们的身体里产生不同程度的能量阻塞点。很多时候，我们感到眼睛胀痛，说明我们压力过大；胃部抽疼，很有可能我们正处于恐慌状态。这时候，我们要做的是感觉它在身体里的作用点，将情绪安放在那份感觉之上。我们感觉到了什么？这份感觉有多强烈？我们甚至应该感谢自己的身体是一具如此完美的机器，它警告我们在身体系统里有这样一个能量阻塞点。

认同情绪：这是ACT疗法要达到的最终状态。例如，麦克在路上遇到老朋友，他和朋友打招呼，可是朋友却直接走过去，没有理他。麦克可能会因此感到失望甚至愤怒。如果他不认同自己的情绪，他可能会说："我好丢人，早知道就不和他打招呼了。"因比，他更加感到懊恼和自责。但如果他能认同自己的情绪反应,并认为这种情绪的产生是有特殊原因的,那么,他可能会这么对自己说:"我觉得懊恼很正常,谁遇到这样的事情不会恼火呢?但也可能是他没有看见我,我不必过于纠结。"

## 释放法:为焦虑找个无伤大雅的出口

有个人在日记里记录了这样一件事:

有个朋友在公司里的人缘很好,他性情宽厚、待人和善,虽然他在单位里的工作压力并不小,但几乎没人看他生气过。有一次我经过他家,顺道去看看他,却发现他正在顶楼上对着天上飞过来的飞机吼叫,我好奇地问他原因,他说:"我住的地方靠近机场,每当飞机起落时都会听到巨大的噪音。后来,当我心情不好或是受了委屈,遇到挫折,想要发脾气时,我就会跑上顶楼,等待飞机飞过,然后对着飞机放声大吼。等飞机飞走了,我的不快、怨气也被飞机一并带走了!然后你会发现,顶楼看日落真是棒极了!"回家的路上,我不禁想着,怪不得他总是能保持良好的情绪,从来不见他愁眉苦脸。原来,他通过情绪的释放让自己重新获得积极的情绪。

通过情绪的宣泄来化焦虑为动力,不失为一个好办法。既然待在原地让你充满了焦虑情绪,那么就往前迈出一步吧,因为与其忍受焦虑,不如接受改变。虽然你可能付出了最大的努力,迎接你的还是失败,但是还有什么比自己作出选择并付诸行动更有价值呢?

除此之外,要想摆脱焦虑的煎熬,还可以试试以下几种办法。

**选择性忽视**:相信自己的力量,不要总是为外部环境所左右,比如你可以选择忽略领导对你的看法,更多地专注于自己的工作,建立属于自己的信心。

选择积极词汇：罗列出令你焦虑的事情，所有这些都是你渴望改变的。我们要做的，不是以否定性语言来强逼自己改变思维，恰恰相反，要用积极的方式来陈述这些观点。比如，我们越是告诉自己"不要紧张"，结果我们反而可能满脑子都是"紧张"；这时，我们应该对自己说"放松"，我们会感到，肩膀马上松弛了下来。没错，就是这样，我们要试着将更多的注意力集中在"冷静"、"自信"这样的积极词汇上。

释放积极的情绪资源：回忆让我们感受到积极、愉悦感觉的场景。如某个周末的下午，我们从酣畅甜美的午睡中醒来，不自觉地露出笑容；毕业典礼上，你从校长手中接过证书时的自信；第一眼看到自己孩子时的激动与满足；当你看到宠物那湿漉漉的、毫无保留地爱你的眼神时，感到被需要和被信任……只要我们重温并再次投入到那样积极的情绪中去，就能够从中汲取能量。

每个人都会有焦虑情绪，只有善于调节的人，才能沉着应对纷繁复杂的外在社会，才能让自己处于忙而不乱的境地。

## 描述体验：重新"经历"

我们是否能够找到一些方法来对付这些看似永远无法消逝的伤痛呢？

心理学家詹姆斯通过与一些因为曾经受过伤害而沉入悲伤之中的人进行交流，发现他们都不愿意与别人谈论创伤事件，他们总是回避这一类的话题，不肯接受事实，然而这却使他们更加糟糕。因此，他试着与这些人接触，鼓励他们说出痛苦的往事，并说服他们将这些秘密写下来。这样做之后，这些人在短期之内出现了更加伤痛的情形，而过一段时间后，他们的精神状况反而恢复了。从长远的角度来看，这种方法有着积极的效果。詹姆斯将这种方法称为"描述体验法"。也就是说，回到过去的情境当中，并大声地用现在的时态描述当时的情景，接受这个不幸的事实。

我曾经的一位学员叫丹尼，她20岁的时候亲眼目睹了自己的男友布莱克被歹徒杀害，这使她一度陷入伤痛之中。两年来，她一直认为这只是一个噩梦，并不是事实。她每天抱着男友的照片，闭门不出，也不与人交谈。她总是怀着希望，觉得布莱克有一天一定会回来。每当门铃响起，她的神经都会绷得紧紧的，仿佛门外就是布莱克，而当她兴奋地去打开门，发现不是男友时，则会比以前更加伤痛，会再次嚎啕大哭，甚至还会出现打砸家具的极端行为。有时候，门前有车辆经过，她也会出现神经过敏的现象。

丹尼接受了我的建议，开始利用"描述体验法"来驱逐自己的伤痛。首先，我让她承认布莱克已经死了，这个过程并不简单，她最初是沉默不语，然后开始对我产生仇视，之后疯狂地捶打自己，最后才不得不承认男友已经死去的事实。而当她真的承认了，她反而平静了许多。之后，她鼓起勇气用现在的时态对我说出了那天遭遇的事情：

"这时，我们经过一条漆黑的小路，旁边忽然出现了一些灯光。我们正在诧异之时，一群人忽然冲出来，挡在我们面前。他们一共有五个人，真遗憾，由于天太黑，我认不出那些人。噢，他们每人都抽出了一把明晃晃的刀，他们想干什么？这时，他们朝我们走来，逼我们交出身上的钱。可真巧，我们刚从银行取完钱，打算第二天去买车，布莱克已经期待好久了。我们不肯交出来，一个坏蛋就用刀子抵住我的脖子。看到这种情况，布莱克非常着急，变不顾一切地想要救我。这时，另一个人……另一个人……"说到这里，丹尼开始痛苦起来。

"另一个人捅了布莱克一刀……天哪，那简直太恐怖了！我朝布莱克奔过去……那些坏蛋好像也害怕了，他们什么时候离开的我也不知道。我感到布莱克的血从伤口中涌出来，那血黏黏的，热热的，我感觉它从我的掌心流过……他已经说不出话了！我们打算很快就结婚的……他就那样死了！他是流血而死的，我甚至忘了叫救护车……噢，我真傻，我居然不知道叫救护车！我眼睁睁看着他死在了我怀里。"

丹尼说这番话时很费力，因为她一直在哭。说完之后，她抱住头开始奋力地痛哭——她似乎陷入了更深的伤痛之中。然而，过了一段时间，她慢慢地停止了哭泣，看上去很平静。

将自己的伤痛遭遇重新在心中感受一遍，并试着大声地对别人说出来，或者将它记在日记中。这种方法对于绝大多数处在伤痛之中的人都有帮助。因为，只有彻底地描述出来，才有可能坦然地接受这些伤痛的事情，从而让我们忘记痛苦，才能够将蒙在心灵上那块黑色的布揭掉，从而更加从容地面对明天。

## 痛快说出来

波士顿曾经举行过一种特殊的世界医学会议，这个会议每周一次，参加的病人需预先接受整套的医学检验。其实这是一个心理治疗班，正式名称是应用心理学，主要目的是帮助忧郁成疾的人。

这种治疗忧虑的课程是如何发起的呢？1930年，派拉特医生开始注意到来医院就诊的病人，他们在生理上并没有任何明显的症状，可是确实有不畅的感觉。有个女人的手因为关节炎而不能进行任何活动；另一位似乎表现出"胃癌"的症状；其他人不是背痛、头痛、疲倦过度，就是不明原因的多种多样的疼痛。病人并非无病呻吟，而是确实受疼痛折磨着。经过一系列医学检查，这些人在生理上并无病变。经验老到的医生认为，所有症状都是病人想象出来的——胡思乱想，肆意瞎编。派拉特医生最后发现，告诉这些病人"没事,别担心!回家忘了它吧!"对她们是没有用的。他知道这些病人也并不愿意想,如果能如此轻而易举地就把病痛抛到九霄云外,他们当然愿意,但是有没有更好的办法呢?

于是,派拉特医生开始研究这个课题——当然,所有医学界人士都心存疑虑,可是这个实验班开课成功极了!几年下来,数千名参加过的病人都在这儿痊愈了。有些病人几年都坚持来上课——就像教徒去教堂做礼拜一样。有个女人9年来从没缺席。她说第一次来上课的时候,她相信自己肾脏不健康,心脏也不正常。她精神紧张,担忧自己随时可能会失明。现在她已变成一个自信开朗、身心健康的女人。她看起来似乎只有40岁,膝下却抚着一个熟睡的孙子。"以前我一直为家人担忧,整日烦躁不安,我甚至差点去自杀。但自从在这个心理辅导班上了解到忧虑的可怕结果,我开始学着不再烦恼。坦白地说,现在我的日子真是极好。"

心理辅导班的医学顾问说,治疗心累的最好方法是把烦恼告诉你信任的人,"我们的术语叫'倒垃圾',到这里来听讲,你可以畅谈你的烦恼,直到你彻底不在意它。独自担惊受怕,是造成神经紧张的主要原因。每个人都需要别人来分担忧虑与烦恼。我们需要世界上有人愿意倾听我们的想法并了解我们。"

"痛快说出来"是当时在波士顿心理辅导班上所用的一种方法,这个疗法的确实实在在地帮助到了一些人。其中一个女患者就因为吐出自己的烦恼而觉得轻松许多。刚开始,她像一根绷紧的弹簧,慢慢的,她一边叙述,一边越来越平静。最后,她竟然能笑得灿若桃花。她的问题解决了吗?没有!也没有那么简单。她得以转变的原因是能诉说给人听,得到一点安慰和同情。真正具有疗效的力量来自于——语言。

心理分析的手段就是借助语言的疗效。从弗洛伊德开始,心理分析医师发现只跟病人谈天说地,就能解除其内心潜在的焦虑。其中原因可能是我们交流谈话时,同时也在反省自己的问题,从而更了解自己。没人知道答案到底是什么。不过大家都知道，只倾吐出来心中的压力就能立即得到解脱。

因此，下次我们遇到情绪问题时，何不找个人聊聊？当然，这并不意味你应该到处找人诉苦抱怨，而是应该找个信得过的人聊聊。也许是你的亲戚、一位医生、律师、牧师或者神父，向他们求教："我有个问题需要你的建议，希望你能听我诉说，再建议我如何解决，你会比我看问题更客观。不过，即使你不能给我提供建议，只听我说说，也是帮了我一个大忙。"

## 简单易行的焦虑症治愈 Tips

下面还有几种方法，你也可以在家中运用：

1. 准备一个笔记本，收集那些励志的诗歌、格言、祷文等——这可以使你的情绪得到升华。如果是个下雨天，你情绪低落的时候，有些句子也许可以赋予你一点力量。很多人都珍存着这样的笔记本，他们认为随时翻一翻这些记录就像"打了剂强心针"。

2. 不要对别人的缺点较真。一个女人发现自己变成了一个整天唠叨的黄脸婆，有人问："如果你丈夫去世了，你怎么办？"这个问题着实令她震惊，她很快列出了一张全是她先生优点的单子，那单子上的优点还真不少。如果你觉得自己嫁了个暴君，不妨试着列出他的优点？当你再次看了对方的这些优点，你会发现你的另一半其实很不错。

3. 对人表示兴趣——对你周围的人表示友善的兴趣。有个女人觉得自己特别孤独，她没有任何朋友，医生建议她想象她所遇到的人有何种背景，并为他们的生活编写剧本。坐公交车时，她可以从旁边的人开始幻想。后来，她到处跟别人攀谈寒暄，现在她是个快乐机敏、充满魅力的女人，完全忘记了曾经的烦恼。

4. 睡觉前，把明天安排好，列个日程表。辅导班中有些人常因未完成的工作或责任压得喘不过气来，他们的事情似乎永远也做不完，他们好像是时间的奴隶。要改善杂乱无章的生活状态，最好的办法是列出第二天要完成的事。结果，他们可以完成更多任务，而且觉得不太疲倦，感觉更有成就感，还有休闲消遣甚至娱乐。

5. 最后，为了避免紧张与倦怠，一定要放松！放松！再放松！没有什么比精神紧张与身体倦怠更能催人老，更能使你的外貌丑化了。

以下还有几种简易运动可以试着做一周——看看会对你产生什么效果。

1. 一旦觉得疲倦，就在地板上躺下；尽量伸展全身，如果可以的话，一天做两次。

2. 合上双眼。约翰逊教授建议你对自己说："阳光普照大地，蓝天一望无际，自然如此平静——自然天成，我应与宇宙天人合一。"甚至试着祷告默念。

3. 如果没地方让你躺下，坐在椅子上也可以。硬直背的椅子最有易于放松。学埃及人那样直坐在椅子里，手臂放松，手掌朝下，放在腿上。

4. 现在，收紧脚趾，放松，收紧腿部肌肉，再放松。慢慢从下往上做，放松全身的肌肉，一直做到颈椎。再摇一摇你的头，不断暗示自己："放松……放松……"

5. 以缓慢均匀的呼吸使神经安宁下来。用丹田呼吸，印度瑜伽的理念很有道理：放松神经最好的方法是有韵律地呼吸。

6. 想想脸上的皱纹，幻想它被你抚平了。试着放松眉间的皱纹，嘴边的线条。一天自我放松两次，即使不上美容院按摩，也许你心里的意念也能令皱纹奇迹般地消失。